꼴찌들의 징글징글
지리 탈출기

고고 지식 박물관 11
꼴찌들의 징글징글
지리 탈출기
글 박은정 | 그림 조인구 | 그래픽디자인 이소주

초판 1쇄 펴낸날 2006년 5월 1일 | **초판 7쇄 펴낸날** 2011년 2월 1일
펴낸이 변재용 | **편집책임** 김혜선
기획 우리누리 | **편집** K&K, 김지현 | **디자인책임** 정상철 | **디자인** 이우정
마케팅 김병오, 박영준 | **홍보** 이대연 | **영업관리** 김효순 | **제작** 임기종, 안정숙
분해 (주)한국에이피, (주)나모에디트 | **인쇄** (주)삼조인쇄 | **제본** (주)선명제본
펴낸곳 (주)한솔교육 등록 제10-647호 | **주소** 121-904 서울시 마포구 상암동 1653번지 DMC 이안상암 2단지 19층
전화 02-3279-3897(편집), 02-3271-3406(영업) | **전송** 02-3279-3889
전자우편 isoobook@eduhansol.co.kr | **누리집** www.isoobook.com | **북카페** cafe.naver.com/soobook
ISBN 978-89-535-3419-3 74030 ISBN 978-89-535-3408-7(세트)

ⓒ2006 우리누리·(주)한솔교육
※저작권법으로 보호받는 저작물이므로 저작권자의 서명 동의 없이 다른 곳에 옮겨 싣거나 베껴 쓸 수 없으며 전산장치에 저장할 수 없습니다.
※값은 뒤표지에 있습니다.

한솔수북 한솔수북은 아이 마음을 아름답게 가꾸 주는 한솔교육의 단행본 출판 이름입니다.

꼴찌들의 징글징글 지리 탈출기

GoGo 지식 박물관

강산이가 친구들한테

 안녕! 난 고강산이야. 난 어디론가 떠나는 걸 정말 좋아해. 미국, 영국, 프랑스, 오스트레일리아……. 안 가 본 나라가 없어. 뼈가 시릴 만큼 엄청난 추위도, 온몸이 흐물흐물해질 만큼 엄청난 더위도 별거 아니더라고. 난 세계 여러 나라를 아주 잘 알고 있어.

 우리 부모님은 내가 날마다 세계로 여행을 떠나고 있다는 걸 조금도 모르고 있어. 내 여행은 고작 한 시간이면 끝나 버리는 짧은 여행이거든. 물론 비행기 값도 공짜고, 짐도 챙길 필요 없고, 부모님 도움도 필요 없어.

 하지만 여행을 떠나려면 여러 가지를 미리 갖춰야 해. 먼저 지도를 볼 줄 알아야 하고, 가고 싶은 나라의 정보가 담겨 있는 책들을 많이 읽어 두어야 해. 지리 공부는 더욱 열심히 해야 하지.

 지리는 사람들이 사는 모습을 알려 주는 과목이야. 우리 고장의 지도 그리기도, 우리나라 둘레에 있는 나라 이름 알아맞히기도 모두 지리를 공부하는 방법이지.

 내가 어떻게 여행을 떠나는지 궁금하지? 아주 간단해. 두 눈을 감고 지리 공부를 하며 보고 배운 세계 여러 나라 모습을 하나씩 하나씩 머릿속으로 떠올려 보면 되거든. 배운 것들을 머릿속에 그리다 보면 마치 지리 선생님과 같이 여행을 떠나는 기분이야.

　사람들은 지구 위에 나라를 세우고, 수많은 동식물과 더불어 살아가고 있어. 사는 곳에 따라 날씨도 다르고, 살고 있는 동식물의 모습도 달라. 사람들이 사는 방법도 조금씩 차이가 나지. 아는 것이 많으면 그만큼 멋진 여행을 할 수 있어.

　언젠가 진짜로 여행을 갔을 때 산하가 여행을 멋지게 즐기는 것을 보고, 나는 날마다 지리 공부를 해야겠다고 마음먹었어. 산하는 지리를 무척 잘 알고 있었거든. 나도 열심히 공부했으니까 다음번 여행에는 내가 훨씬 더 많은 것들을 보고 느낄 수 있겠지? 다음 여행을 위해 우리 함께 지리 세계로 떠나 볼까?

글쓴이 박은정

지리 탐험 지름길

머리말 4

나오는 사람들 8

01 지리와 지도
지리 학교의 일등과 꼴찌 10

02 영토 개념
강산이가 잘할 수 있을까? 22

03 지도 속 여러 가지 기호
지리 도사가 되고 싶다면, 떠나라! 32

04 산지와 산맥
산봉우리에 올라 산줄기를 보다 44

05 지진과 땅
땅 할아버지를 만나다 54

06 땅의 변화와 세계의 강
울퉁불퉁한 땅을 매끈하게 66

07 5대양
바다라고 다 같은 바다가 아니야 74

08 국경과 수도
우리나라와 가까운 나라는 어디일까? 84

09 위도와 경도
지는 해를 따라가면 영원히 오늘이 이어질까? 94

10 세계 여러 나라
세계만 선생님의 세계지도 104

11 여러 가지 기후대
세상에서 가장 무서운 시험 111

쉽게 풀어 쓴 지리 용어 119

나오는 사람들

고 강 산 지리 학교의 소문난 꼴찌. 세계에 이름난 지리학자의 아들로 태어났지만 지리를 징글징글하게 싫어한다. 비록 똑똑한 구석은 없지만 호기심이 많고 한번 이해한 내용은 절대로 안 잊는다. 단 하나 문제라면 몸소 체험하고 보고 느낀 것만을 이해할 수 있다는 것. 아버지 소원대로 학교만은 무사히 졸업하고 싶은 마음은 있다.

고 산 하 고강산의 쌍둥이 누나로, 같은 지리 학교를 다니고 있다. 성적이 좋고 공부 욕심이 많아 학교에서도 칭찬이 자자하다. 동생 강산이를 무척 걱정하고 사랑하지만 그 끔찍한 성적만큼은 막막하기만 하다. 아버지의 뒤를 이어 지리학자가 되는 것이 꿈이다. 하지만 안타깝게도 길을 잘 잃어버려 좋은 지리학자가 될 수 있을지 모르겠다.

왕빛나 여사 왕빛나 지리 학교 교장이자 성실한 지리학자. 강산이와 산하가 다니는 지리 학교를 세운 분으로 나이가 엄청나게 많다. 강산이와 산하의 아버지인 고 박사를 비롯하여 훌륭한 졸업생을 많이 낸 것이 가장 큰 자랑거리다. 엄격하고 정확한 것을 좋아해서 지리 학교 학생들의 성적표를 한 학기에 한 번씩 꼬박꼬박 살펴본다.

고 박사 세계에 이름난 지리학자이자 고산하, 고강산의 다정한 아버지. 아이들한테 관심이 많지만 성적에는 크게 신경 안 써서 아들 강산이 성적이 심각하게 안 좋은 줄 모른다. 대학에서 학생들한테 지리를 가르치며 열심히 연구하고 있다. 강산이를 훌륭한 지리학자로 만드는 것이 가장 큰 소원이다.

오 산 맥 고 박사와 같이 지리를 공부한 학자로, 성격이 상냥하고 아주 친절하다. 고 박사한테 산과 산맥에 얽힌 취미를 길러 준 소중한 친구이기도 하다. 자연 보호에 관심이 많으며, 산을 좋아해서 지금은 산나리 마을의 이장으로 지내고 있다. 산과 산지, 산맥이라면 오르는 것이 없는 척척박사다.

땅 할아버지 강하나 선생님의 남편으로 땅에 관심이 아주 많다. 지리학자는 아니지만 오랜 시간 동안 연구하고 관찰한 결과, 땅이라면 모르는 것이 없는 수준이 되었다. 그리고 자기의 성을 한자 땅 지(地) 자라고 우기며 스스로를 땅할아버지라고 부른다. 심통 맞은 말투와 기이한 성격으로 처음에는 누구나 두려워하지만 알고 보면 땅, 아내, 퀴즈를 사랑하는 마음씨 고운 할아버지다.

강하나 땅할아버지의 부인이자 고 박사와 오산맥의 스승으로 자상한 선생님이다. 과거에 왕빗나 지리 학교에서 선생님으로 일했다. 지금은 나이가 많아 학생들을 안 가르치지만 사람들의 부탁을 받아 가끔 특별 교실을 열기도 한다. 강을 잘 알고 있으며, 부드러운 성격과 꼼꼼한 정리 솜씨가 으뜸이다.

한해양 땅할아버지의 편지 친구. 고 박사의 소개로 강하나 선생님한테 특별히 보충 학습을 받은 인연으로 땅할아버지와 친해졌다. 왕빗나 지리 학교 졸업생으로 바다에 대한 지식이 바다처럼 넓고 깊다. 성실하게 노력한 결과 강산이 보다 더 심한 바보에서 훌륭한 지리학자가 된 젊은이다. 또한 세계만 선생님한테 지리를 배운 제자이기도 하다.

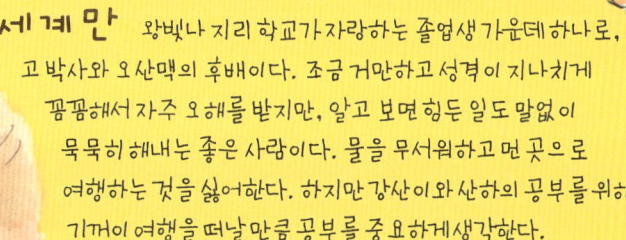

세계만 왕빗나 지리 학교가 자랑하는 졸업생 가운데 하나로, 고 박사와 오산맥의 후배이다. 조금 거만하고 성격이 지나치게 꼼꼼해서 자주 오해를 받지만, 알고 보면 힘든 일도 말없이 묵묵히 해내는 좋은 사람이다. 물을 무서워하고 먼 곳으로 여행하는 것을 싫어한다. 하지만 강산이와 산하의 공부를 위해 기꺼이 여행을 떠날 만큼 공부를 중요하게 생각한다.

이 지리와 지도
지리 학교의 일등과 꼴찌

지리 학교에 다니는 고강산은 이름난 지리학자 고 박사의 아들이에요. 하지만 어쩐 일인지 지리 성적이 바닥을 기고 있어요. 쌍둥이 누나 고산하가 이 사실을 알고 강산이 공부를 도와주려고 나섰어요.

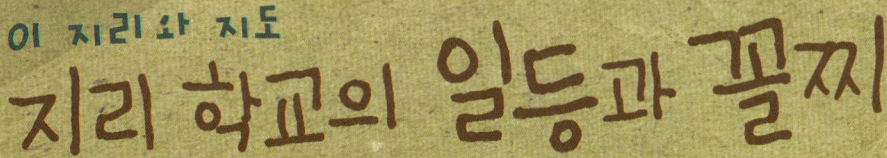

서울 남산 밑에 역사와 전통을 자랑하는 왕빛나 지리 학교가 있었어요. 이 학교의 교장인 왕빛나 여사는 언제나 말했어요.

"좋은 지리학자가 되고 싶으면 평소에 열심히 공부하세요."

왕빛나 여사의 가르침에 따라 왕빛나 지리 학교는 엄청나게 어려운 시험을 한 학기에 세 번씩 꼬박꼬박 치렀어요. 물론 왕빛나 여사는 모든 학생들의 성적표를 하나도 안 빼놓고 살펴보았지요.

학기 마지막 시험이 끝나고 왕빛나 여사는 교장실에 앉아 학생들 성적표를 보고 있었어요.

"음, 고산하 학생은 이번 시험 점수가 훌륭하군. 역시 뛰어난 지리학자인 고 박사의 딸이야."

왕빛나 여사는 흐뭇한 얼굴로 다음 성적표를 꺼냈어요.

"어머나, 이게 뭐야? 온통 빵점이잖아!"

왕빛나 여사는 깜짝 놀라 이름을 봤어요.

"고강산! 세상에, 어쩌면 이럴 수 있지? 고산하 학생의 쌍둥이 동생이라고 알고 있는데……."

왕빛나 여사는 강산이의 지난 성적표를 모조리 꺼내 꼼꼼히 살펴보았어요.

"60점, 40점, 20점. 점점 바닥으로 기는군. 안 되겠어."

왕빛나 여사는 책상 위에 있는 전화기를 들었어요.

"고강산 학생을 당장 교장실로 보내 줘요."

교실에서 방학 숙제 얘기를 듣고 있던 강산이는 왕빛나 여사의 부름을 받고 가슴을 졸이며 교장실로 갔어요.

'으으윽, 두렵다. 나를 왜 부르신 걸까?'

강산이는 두근거리는 가슴을 누르며 조심조심 걸어갔어요. 밖은 아직 해가 쨍쨍한 대낮인데 교장실 앞은 온통 깜깜했지요. 강산이는 조금 겁이 났지만, 용기를 내어 문을 두드렸어요.

"교장 선생님, 부르셨어요?"

교장실 안에서 왕빛나 여사의 목소리가 들렸어요.

"어서 들어와요."

강산이는 조용히 문을 열었어요. 교장실 안은 책이 빼곡히 꽂힌 책장에서부터 아주 커다란 책상까지 조금도 흐트러짐 없이 깨끗했어요.

왕빛나 여사는 맞은편에 있는 의자를 가리켰어요.

"이리 앉아요. 학생이 바로 고강산이었군요."

강산이는 잔뜩 굳은 얼굴로 의자에 앉았어요. 왕빛나 여사는 강산이 얼굴을 물끄러미 바라보며 말했어요.

"생긴 것은 아버지 고 박사와 꼭 닮았네. 너한테 꼭 해 주고 싶은 말이 있어서 불렀지."

강산이는 왕빛나 여사의 눈치를 보며 떨리는 목소리로 물었어요.

"무……, 무슨 말씀이신데요?"

왕빛나 여사는 화를 누르고 우아하게 웃었어요. 그러고는 노래하듯 밝은 목소리로 말했어요.

"네 성적표는 아주 잘 봤어. 더구나 이번 시험 성적표는 엄청나게 놀라웠지. 모든 과목이 빵점이라니! 평소에 공부는 어떻게 하고 있는 거지?"

강산이는 고개를 숙이고 우물쭈물거렸어요.

"그러니까, 그게……."

강산이가 말을 더듬자 왕빛나 여사는 눈을 부라리며 목소리를 높였어요.

"우리 학교에 너 같은 성적을 받은 학생은 없었어. 다음 학기 첫 시험에서 80점을 못 넘으면 넌 당장 퇴학이야."

강산이는 깜짝 놀라 떨리는 목소리로 물었어요.

"제……, 제가 어떻게 80점을……."

왕빛나 여사는 차갑게 말했어요.

"고 박사를 봐서 특별히 이번 한 번만 더 기회를 주는 거니까 그렇게 알고 당장 나가 봐!"

강산이는 발딱 일어나 교장실을 나왔어요. 갑자기 눈앞이 깜깜해졌어요.

'아유, 징글징글한 지리.'

교실로 돌아와 보니 칠판에 방학 숙제가 적혀 있었어요. 학생들은 저마다 가방을 챙겨 나가려고 했어요. 산하가 강산이를 보자마자 물었어요.

"강산아, 무슨 일이야?"

강산이는 산하를 보고 얼굴을 잔뜩 찌푸렸어요. 어깨가 저절로 축 늘어졌지요.

"교장 선생님이 다음 지리 시험에서 80점을 못 넘으면 퇴학시켜 버린대."

산하의 눈이 쟁반만 해졌어요.

"80점?"

강산이가 고개를 끄덕였어요.

"생각만 해도 머리가 지끈지끈해."

산하는 강산이 얼굴을 보고 빙그레 웃었어요.

"지리 학교 입학 시험도 무사히 치렀잖아. 방학 동안 열심히 공부하면 잘 될 거야."

강산이는 고개를 힘차게 저었어요.

"땅, 동물, 식물, 기후……. 지리는 생각만 해도 복잡해."

산하는 강산이 어깨를 살며시 두드렸어요.

"강산아, 하나도 안 어려워. 지리가 얼마나 재미있는데……."

산하는 상냥한 목소리로 찬찬히 말했어요.

지리는 우리가 사는 세상 이야기야. 우리가 살고 있는 곳은 우주, 그 안에서도 초록 별이라는 지구지.

사실 우리는 지구의 겉껍질 위에서 살고 있어.

사람들은 지구 겉껍질 위에 나라를 세우고 집을 짓고 수많은 동물과 식물과 더불어 살아가지. 사는 곳에 따라 날씨도 다르고, 살고 있는 동물과 식물도 달라. 그래서 사람들이 사는 방법도 조금씩 차이가 난단다.

지리는 지구 구석구석을 돌며, 사람들과 동물과 식물이 살아가는 모습을 이야기해 주는 거야. 어때? 지리가 생각보다 어렵게 안 느껴지지? 지리와 친해지면 아주 재미있는 이야기를 많이 알 수 있어.

강산이는 귀가 솔깃했어요.

"그렇게 말하니까 이상하게 쉬운 것처럼 들리네? 하지만 80점을 넘는 건 무리야."

산하가 버럭 화를 냈어요.

"네가 학교를 무사히 졸업하기만 바라는 아빠를 생각해 봐."

강산이는 금세 풀이 죽었어요.

"맞아. 그게 우리 아빠의 소원이야."

산하는 강산이 어깨를 두드려 줬어요.

"조금만 노력하면 충분히 할 수 있어."

강산이는 곰곰이 생각해 보더니 고개를 절레절레 저었어요.

"난 지도만 봐도 눈앞이 빙빙 도는걸. 80점을 받기는 아무래도 무리야."

산하는 강산이를 위로하려고 거짓말을 했어요.

"지도? 그거 별거 아니야. 지리 공부에 필요한 정보가 담겨 있는 그냥 종이 쪽지밖에 안 돼."

강산이는 귀를 쫑긋 세웠어요.

"그냥 종이 쪽지?"

산하는 빙그레 웃으며 힘주어 말했어요.

"그래, 그냥 종이 쪽지! 하지만 읽는 법은 배워야지."

강산이는 울부짖었어요.

"그냥 종이 쪽지라며……."

가끔 강산이 너처럼 생각하는 사람들이 있어.
물론 지도는 그냥 작은 종이 쪽지야.
단지 그 안에 지구의 전체 또는
부분이 들어가 있을 뿐이지.

지리 공부를 하며 알아낸 이야기들을
정리하는 방법 가운데 지도가 가장 편리해.
한눈에 여러 정보를 볼 수 있어서지.
그래서 사람들은 지도를 많이 본단다.

우리나라에 단 한 번도 안 와 본 사람도
지도만 보면 우리나라가 어떻게 생겼고,
얼마나 높은 산이 있으며,
얼마나 깊은 바다가 있는지 한눈에 알 수 있어.
다만 지도는 아주 특별한 방법으로 그려져서
읽는 방법을 알아야 할 뿐이야.

지리 학교의 일등과 꼴찌

강산이는 금세 얼굴이 어두워졌어요.

"정말 내가 지도 보는 법을 배울 수 있을까?"

산하는 빙그레 웃었어요.

"이 누나가 도와줄게. 아무 걱정하지 마."

산하는 강산이를 끌고 씩씩하게 집으로 돌아갔어요.

강산이 방은 잔뜩 어질러져 있었어요. 산하는 얼굴을 찌푸리며 강산이한테 말했어요.

"좀 깨끗이 치우고 살아라. 이번 시험 얼마나 많이 틀렸나 보게 시험지 내놔 봐."

강산이는 차마 시험지를 보여 줄 수 없었어요.

"절대로! 시험지만은 못 보여 줘."

산하는 강산이가 무서운 눈으로 째려보자 얄밉게 웃으며 책상 앞으로 다가갔어요.

"좋아, 내가 못 찾을 줄 알고?"

산하는 먼저 책상 위를 마구 뒤졌어요. 책상 서랍을 하나씩 열어 보았지요. 강산이는 가슴이 두근거렸어요.

'제발 책상 서랍 밑은 보지 마라.'

옷장, 책장, 침대 밑……, 산하는 강산이 방을 온통 뒤엎어 놓았어요. 다행인지 불행인지 책상 서랍 밑은 보지 않았어요. 강산이는 가슴을 쓸어내렸어요.

한참을 찾아도 시험지가 안 보이자, 산하가 천둥 치듯 외쳤어요.

"너, 시험지 어디에다 뒀어?"

강산이는 두 손 모아 빌었어요.

"제발 시험지만은……."

산하는 입을 다물었어요. 대신 자기 시험지를 가져와 강산이 눈앞에 펼쳐 놓았어요. 산하의 시험지는 100점이었어요.

"좋아. 이 가운데 틀린 문제만 찍어 봐."

강산이는 손가락으로 1번 문제를 가리켰어요. 산하는 빙그레 웃

으며 상냥한 목소리로 말했어요.

"그래, 1번 문제는 좀 어려웠지?"

이어 강산이는 2번 문제를 가리켰어요. 산하의 표정이 조금 어두워졌어요.

"지리를 공부하는 사람이면 누구나 다 아는 문제야. 하지만 지도는 자신 없다고 했으니 그럴 수도 있지."

강산이가 3번, 4번 문제를 차례로 가리키자 산하는 얼굴이 점점 일그러졌어요. 마침내 강산이 손가락이 5번 문제를 가리키자 산하는 온몸을 부들부들 떨며 소리쳤어요.

"야, 고강산! 열 문제 가운데 벌써 다섯 개째야. 너, 맞은 문제가 뭐야? 설마……, 하나도 없는 거야?"

강산이는 말없이 고개를 끄덕였어요. 산하는 교과서를 몽땅 가져와 강산이 앞에 쌓아 놓았어요.

"오늘부터 당장 공부하자. 먼저 교과서부터 읽어."

강산이는 꼼짝없이 책상 앞에 앉아 교과서를 읽었어요.

창 밖이 온통 깜깜해지자 강산이는 졸음이 쏟아졌어요. 입에서 하품이 저절로 나왔지요.

"하, 졸려."

산하는 손가락으로 강산이 옆구리를 쿡쿡 찔렀어요.

"이 책 다 읽을 때까지 잠잘 생각은 하지도 마."

강산이는 한숨이 나왔어요.

'이 두꺼운 책을 언제 다 읽지?'

밤늦은 시간에 아버지인 고 박사가 돌아왔어요. 하지만 강산이는 내다볼 수도 없었어요. 고 박사는 현관에서 큰 소리로 외쳤어요.

"애들아, 아빠 왔는데 나와 보지도 않냐?"

산하가 큰 소리로 외쳤어요.

"아빠 죄송해요. 하던 공부 마저 하려면 바빠요!"

고 박사는 빙그레 웃으며 방 안으로 들어갔어요.

조금 뒤 강산이가 화장실에 가려고 자리에서 일어나자 산하도 발딱 일어나 따라왔어요. 강산이는 한숨을 쉬며 말했어요.

"산하야, 제발 부탁해. 시키는 대로 다 읽을게. 화장실까지는 따라오지 마."

산하는 무서운 얼굴로 째려보며 쏘아붙였어요.

"그래 놓고 화장실에서 졸려고? 어림없어."

산하는 밤새도록 강산이한테 책을 읽혔어요.

02 영토 개념
강산이가 잘할 수 있을까?

영토는 그 나라 국민의 힘이 미치는 공간으로 한 나라가 지배할 수 있게 정해진 곳을 말해요. 물론 영토는 강산이 말처럼 그 나라가 가진 땅이기도 해요. 크고 작은 섬까지 하나도 안 빼놓고 모두 그 나라 영토지요.

다음 날 아침, 산하는 아침밥을 먹으며 강산이한테 문제를 냈어요. 물론 밤새 읽게 한 교과서에서만 나오는 문제였지요. 산하는 웃는 얼굴로 두 가지 종류의 지도를 꺼내 놓고 말했어요.

"강산아, 지도는 쓰임에 따라 일반도와 주제도로 나눌 수 있어. 이 가운데 어떤 것이 주제도일까?"

강산이는 곁눈질로 지도를 살펴본 뒤, 마치 아무것도 못 본 것처럼 가만히 있었어요.

산하는 강산이한테 친절하고도 쉽게 설명해 줬어요.

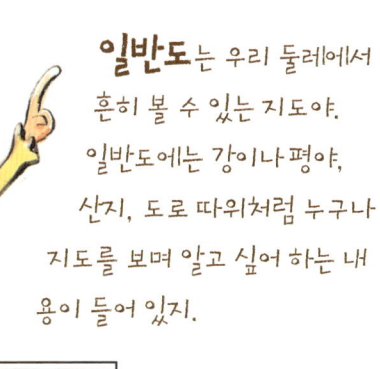

일반도는 우리 둘레에서 흔히 볼 수 있는 지도야. 일반도에는 강이나 평야, 산지, 도로 따위처럼 누구나 지도를 보며 알고 싶어 하는 내용이 들어 있지.

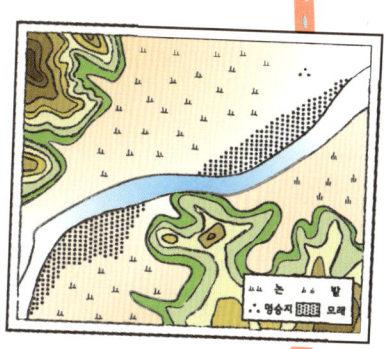

일반도

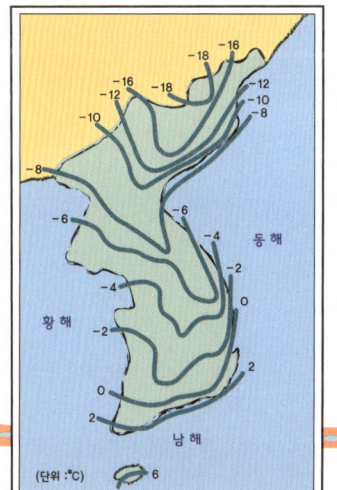

주제도는 쓰는 목적에 따라 산업, 연구, 기후, 교통 따위의 특별한 주제를 중심으로 그린 지도를 말해. 주제도는 누구나 궁금해하는 내용 대신 쓰임새에 따라 여러 가지이고 어려운 내용이 들어 있어.

주제도

하지만 강산이는 날씨와 강수량을 알려 주는 일기도(주제도) 대신 지형도(일반도)를 골랐어요. 갑자기 산하 얼굴이 일그러지고 목소리가 가늘게 떨렸어요.

"강산아, 너 어제 분명히 교과서 다 읽었지?"

강산이는 고개를 끄덕이며 퉁명스럽게 말했어요.

"네가 옆에서 잠도 못 자게 하면서 열심히 지켜봤잖아."

산하는 입을 다물어 버렸어요.

'사람이면 누구나 알 수 있는 이런 쉬운 것까지 모르다니……. 아무래도 생각보다 심각해.'

강산이는 산하의 팔을 잡고 물었어요.

"산하야, 왜 그래? 학교에서 많이 본 지도 같아서 찍었는데……. 내가 틀렸어?"

산하는 속으로 마음을 다져 먹었어요.

'그래, 지리 학교의 입학 시험도 무사히 통과했는데 설마 그런 것도 모를 리 없어.'

강산이는 지도 두 장을 들었다 놨다 하며 한참 바라보고 있었어요. 산하가 지도를 빼앗아 들었어요.

"네가 고른 지형도는 일반도야. 그럼 이번에는 영토가 무엇인지 설명해 볼래?"

강산이는 비웃는 듯한 얼굴로 태연하게 말했어요.

"우리나라가 가진 땅을 이르는 말이잖아."

산하는 빙그레 웃으며 좀 더 자세히 물었어요.

"물론 영토는 우리나라가 가진 땅이 맞지. 그것 말고 좀 더 넓은 뜻이 있잖아."

"그런 것이 있던가?"

산하는 정신이 아득해졌지만 꾹 참고 상냥한 얼굴을 했어요.

"잠깐 생각이 안 난 거지?"

산하는 강산이의 기억을 되살려 주려고 영토를 자세히 설명해 줬어요.

영토는 그 나라 국민의 힘이 미치는 공간으로 한 나라가 다스릴 수 있게 정해진 곳을 말해. 물론 영토는 네 말처럼 그 나라가 가진 땅이야. 크고 작은 섬까지 하나도 안 빼놓고 모두 그 나라 영토지. 아울러 그 땅을 둘러싸고 있는 바다와 하늘을 모두 아우르는 말이기도 해. 자기네 영토도 못 지키는 나라는 다른 나라한테 빼앗길 수 있어. 그래서 나라를 지키려면 땅을 지키는 육군뿐 아니라 바다를 지키는 해군, 하늘을 지키는 공군까지 필요한 거야.

강산이는 두 눈을 크게 뜨고 중얼거렸어요.

"하늘도 바다도 섬도 모두 우리나라 영토였구나."

산하는 팔을 걷어붙이며 으르렁댔어요.

"그럼, 섬에 사는 사람은 우리나라 사람이 아니라는 거야?"

강산이가 손뼉을 치며 말했어요.

"아하, 맞다. 그렇지!"

산하는 한숨이 절로 나왔어요.

"세계에서 영토가 가장 넓은 나라는 어디인지 알아?"

영토가 가장 넓은 나라

1위 **러시아** : 한국의 77배가 된다스키.

2위 **캐나다** : 아주 안 크지만 그래도 한국의 약 45배가 되지.

3위 **미국** : 한국의 약 44배. 조금 차이로 캐나다보다는 작은 편이야.

4위 **중국** : 우리 중국은 무엇이든 크다해. 영토도 한국의 약 44배나 된다해.

우리 일본도 한국의 약 1.7배는 되무니다.

강산이는 심술 난 목소리로 투덜거렸어요.

"일본이 우리나라보다 더 넓다니 순 거짓말이야!"

산하는 입맛이 싹 사라졌어요. 아무리 봐도 강산이는 지리에는 먹통인 것 같았어요. 산하는 기가 막혔어요.

"지난 시간에 일본이 우리나라보다 넓은 땅으로도 모자라 영해까지 욕심내고 있다고 선생님이 말씀하셨잖아!"

강산이는 고개를 갸웃거렸어요.

"욕심낸다고 영해가 자기 마음대로 더 가질 수 있는 거였나?"

"일본이 독도를 차지하면 영해가 자연스럽게 더 넓어지잖아."

영해는 영토의 끝이 되는 기준선에서 12해리(약 22킬로미터)까지야. 일본이 독도를 차지하면 영토가 넓어지고 영토의 끝이 되는 기준선이 늘어나서 더 많은 바다를 차지할 수 있지. 다른 나라의 영해는 함부로 들어갈 수 없어. 영해라는 말이 처음 생기던 때에는 영해의 범위가 3해리(약 6킬로미터)였단다. 지금처럼 무기가 발달하지 못했던 때라 3해리만 돼도 다른 나라에서 날아온 무기가 남의 영토에 떨어질 수 없었거든. 지금도 한국과 일본 사이에 있는 대한 해협처럼 두 나라 사이의 거리가 가까운 곳은 3해리밖에 안 돼.

"독도랑 영해가 무슨 상관인데?"

산하는 화가 나서 목소리를 높였어요.

"지금 그것도 모른단 말이야?"

산하는 강산이 말을 들으면 들을수록 입 안이 바싹바싹 말랐어요. 물론 강산이도 머릿속이 뒤죽박죽이어서 그 자리에 쓰러지고 싶었지요. 산하가 힘을 내서 말했어요.

"강산아, 우리 아빠한테 도와 달라고 해 보자."

"내 생각에도 그래야 할 것 같아."

산하는 자리에서 일어나 옷을 입었어요. 그리고 고 박사가 있는 대학교로 걸어갔어요. 물론 강산이도 산하를 따라 부지런히 걸어갔지요.

산하는 작은 우체국을 지나고, 빨간 벽돌로 만든 아담한 건물을 지나 새로 지은 커다란 건물 앞에 다다랐어요. 정신없이 산하를 따라오던 강산이는 둘레를 보며 말했어요.

"아빠 연구실이 저기 빨간 벽돌 건물 1층 아니었어?"

산하는 밝은 목소리로 말했어요.

"이번 달부터 새로 지은 건물 20층으로 옮기셨대."

강산이는 위를 올려다보며 말했어요.

"야, 엘리베이터를 타도 한참 가야겠다."

강산이와 산하는 엘리베이터 앞에 섰어요. 엘리베이터 앞에는 '고장 수리 중'이라는 안내문이 붙어 있었어요. 강산이는 자기도 모르게 한숨이 나왔어요.

"휴! 언제 저기까지 올라가지?"

산하는 강산이의 어깨를 살짝 두드렸어요.

"걷다 보면 다다르겠지. 힘내!"

산하는 가벼운 몸놀림으로 먼저 계단을 올라갔어요. 강산이는 할 수 없이 쫓아갔지요.

아무리 걸어도 20층은 안 보였어요.

강산이가 산하한테 물었어요.

"얼마나 더 올라가야 20층이야?"

한참 위에서 산하의 목소리가 들렸어요.

"한 층만 더 올라가면 돼. 어서 와."

강산이는 땀도 나고 목도 마르고 다리도 후들거렸어요. 숨을 돌리느라 창 밖을 보던 강산이는 자기도 모르게 중얼거렸어요.

"이렇게 하늘 높이 솟아 있어도 여기가 학교 영토일까?"

영토와 영해를 더한 면 위에 있는 하늘을 **영공**이라고 해. 영공은 그 나라의 것이지. 그렇다고 끝없이 높은 하늘이 다 영공은 아니야. 다른 나라 비행기가 멋대로 침입했을 때, 공군이나 육군이 무기로 그 비행기를 쏴서 떨어뜨릴 수 있는 범위까지를 영공이라고 해. 영공은 국가 간의 특별한 약속이 없으면 멋대로 다른 나라 비행기가 들어올 수 없단다.

나는 맘대로 다니지!

03 지도 속 여러 가지 기호
지리 도사가 되고 싶다면, 떠나라!

지리 성적이 생각보다 형편없는 강산이를 도우려고 고 박사는 지도와 쪽지를 건네주었어요.
드디어 강산이와 산하는 지도를 들고 쪽지에 적힌 사람들을 찾아 길을 떠났어요.

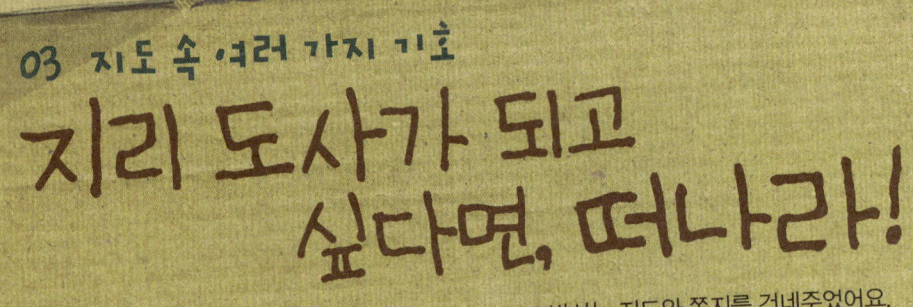

강산이와 산하는 힘들게 걸어서 고 박사의 연구실에 다다랐어요. 고 박사는 불쑥 찾아온 강산이와 산하를 반갑게 맞았어요.

"어서 오너라. 학교는 어쩌고 왔어?"

강산이와 산하가 같이 외쳤어요.

"오늘부터 방학이잖아요."

고 박사는 머쓱한 얼굴로 머리를 긁적였어요.

"참, 그렇지. 거기 빈 자리에 앉아라."

고 박사의 연구실은 강산이 방보다 더 어지러웠어요. 고 박사의 덤벙거리는 성격을 잘 알고 있는 강산이와 산하는 한숨을 쉬며 여기저기 널려 있는 책들을 밀고 자리에 앉았어요. 한쪽에서 책들이 쓰러지는 소리가 들렸어요.

고 박사는 바닥에 떨어진 책들을 조심조심 피해 냉장고 앞으로 걸어갔어요. 아슬아슬하게 냉장고에서 주스 세 병을 꺼낸 고 박사는 강산이와 산하한테 하나씩 건네주었어요. 강산이는 단번에 주스 병을 비웠어요.

"야, 시원하다."

산하도 옷자락으로 병을 깨끗이 닦고 한 모금 마셨어요.

"아주 달콤하고 새콤해."

고 박사는 아이들 얼굴을 보며 빙그레 웃었어요. 그리고 상냥한 목소리로 물었어요.

"무슨 일로 아빠를 찾아왔지?"

산하는 심각한 얼굴로 강산이를 바라봤어요. 강산이는 산하의 눈치만 살폈지요. 고 박사는 고개를 갸웃거리며 두 아이 얼굴을 번갈아 바라보았어요.

한참 동안 강산이를 바라보던 산하가 어렵게 입을 열었어요.

"아빠, 저희 지리 학교가 다른 곳에 견주어 훌륭한 학교라는 건 잘 아시죠?"

"물론이지. 아빠도 그렇고 너희 삼촌들도 그 학교를 나왔잖아."

산하는 그제야 미소를 지었어요.

"강산이가 이번 학기 성적이 아주 안 좋아요. 그래서 방학 동안 지리 실력을 눈에 띄게 키워서 다음 학기 첫 시험에 좋은 점수를 받아야 해요."

고 박사는 강산이 얼굴을 바라봤어요. 강산이 얼굴이 점점 붉어졌어요. 고 박사는 강산이 어깨를 두드려 주었어요.

산하는 연구실 안에 있는 책들이 흔들릴 정도로 외쳤어요.

"아빠, 아빠 도움이 필요해요!"

고 박사는 아무렇지 않게 말했어요.

"산하야, 네가 가르쳐 주면 되잖아. 개학할 때까지 아직 시간이 많으니까."

강산이와 산하가 똑같이 고개를 저었어요. 산하가 좀 더 힘주어 말했어요.

"강산이는 제가 돕는 걸로는 해결이 안 돼요. 얼마나 끔찍하게 성적이 나쁜지 아세요?"

고 박사는 산하의 말에 눈이 동그래졌어요.

"그렇게 심각하단 말이야? 음……."

고 박사는 두 눈을 감고 잠깐 생각하더니 갑자기 자리에서 벌떡 일어났어요.

"그래, 강산이처럼 짧은 시간에 지리 실력을 키워야 하는 사람한

테 좋은 방법이 있어."

강산이와 산하의 얼굴이 금세 밝아졌어요.

고 박사는 고개를 숙이고 연구실 안에 있는 온갖 종이 뭉치와 책들을 뒤졌어요. 엄청나게 많은 종이를 눈 깜짝할 만큼 빠르게 뒤졌지요. 고 박사는 혼잣말처럼 중얼거렸어요.

"어디 있을 텐데……?"

강산이와 산하는 아빠가 무엇을 찾는지도 모르고 무조건 의자 밑을 살피고 책장에 꽂힌 책들을 펼쳤어요.

조금 뒤, 고 박사는 손으로 직접 그린 지도와 쪽지 한 장을 찾았어

요. 그것을 옷자락에 비벼 먼지를 털어 내고는 강산이한테 내밀었지요.

"자, 받아라. 이 지도를 보며 쪽지에 적힌 학자들을 찾아다니다 보면 저절로 지리 공부가 될 거야."

강산이는 조심스럽게 지도와 쪽지를 받았어요.

"정말 이것만으로 지리 공부가 될까요?"

"물론이지. 대신 쪽지에 적힌 학자들을 만났다는 증거로 서명을 받아 오너라. 쪽지에 적힌 사람들은 모두 왕빛나 지리 학교가 자랑하는 훌륭한 학자들이야."

강산이는 쪽지에 적힌 이름들을 보았어요.

"오산맥, 강하나, 한해양, 세계만. 이 사람들만 만나면 징글징글한 지리는 이제 끝이다!"

산하도 뛸 듯이 기뻤어요. 강산이는 신 나서 지도와 쪽지를 들고 자리에서 벌떡 일어났어요.

"아빠, 고마워요. 당장 떠날게요."

산하도 강산이를 따라가며 소리쳤어요.

"저도 따라가 볼게요."

강산이와 산하는 쏜살같이 연구실 밖으로 나갔어요. 고 박사는 달려가는 아이들한테 큰 소리로 외쳤어요.

"짐은 너무 무겁게 챙기지 말고 조심해서 다녀오너라. 아주 귀한 지도니까 조심해서 다루고."

집에 돌아온 강산이와 산하는 재빨리 짐을 챙겨 들고 나왔어요. 강산이는 아버지한테 받은 지도를 펼쳐 들었어요.

강산이가 지도를 보고 쩔쩔매자, 보다 못한 산하가 지도를 빼앗아 들었어요.

"이 지도에 따르면, 여기 적힌 오산맥이라는 사람은 산 너머 산나리 마을에 살고 있어."

산하는 이웃 마을로 가는 큰 길을 두고, 사람들이 안 다니는 마을 뒷산 쪽으로 걸어갔어요.

"이쪽으로 가면 산나리 마을이 엄청 가까울 거야."

강산이는 의심스럽긴 했지만 산하를 따라 걸었어요. 그런데 갈수록 마을은 안 보이고 점점 나무만 빽빽해지는 것 같았어요. 강산이는 은근히 불안했어요.

"아직 멀었어?"

산하는 지도에서 눈을 안 떼고 말했어요.

"조금만 더 가면 돼. 그냥 따라와."

한참 걸어도 산나리 마을은 안 보였어요.

그러자 씩씩하게 걷던 산하도 지치고 말았어요. 산하는 강산이와 지도를 보며 입을 삐쭉거렸어요.

"분명히 이 길을 따라 이만큼만 가면 산봉우리가 있고 산나리 마을이 있지? 방향은 맞는데 산봉우리가 안 보이는 걸 보니 여기 적힌 거리가 잘못된 모양이야."

강산이는 고개를 갸웃거렸어요.

"이 지도를 보고 어떻게 거리를 알 수 있다는 거야?"

산하가 큰 소리로 외쳤어요.

"왜 몰라. 이 지도 위에 1센티미터가 5킬로미터와 같다고 적혀 있잖아."

강산이가 애써 웃으며 말했어요.

지도의 축척

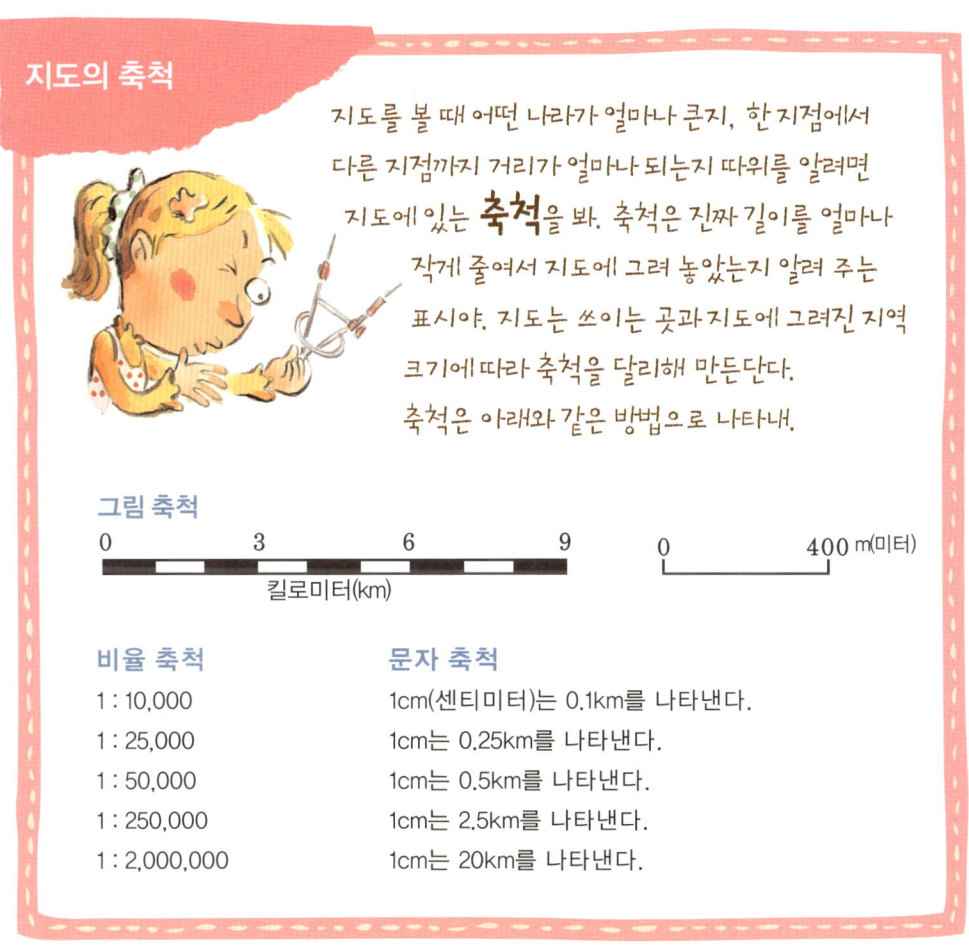

지도를 볼 때 어떤 나라가 얼마나 큰지, 한 지점에서 다른 지점까지 거리가 얼마나 되는지 따위를 알려면 지도에 있는 **축척**을 봐. 축척은 진짜 길이를 얼마나 작게 줄여서 지도에 그려 놓았는지 알려 주는 표시야. 지도는 쓰이는 곳과 지도에 그려진 지역 크기에 따라 축척을 달리해 만든단다.
축척은 아래와 같은 방법으로 나타내.

그림 축척

0   3   6   9
킬로미터(km)

0   400 m(미터)

비율 축척

1 : 10,000
1 : 25,000
1 : 50,000
1 : 250,000
1 : 2,000,000

문자 축척

1cm(센티미터)는 0.1km를 나타낸다.
1cm는 0.25km를 나타낸다.
1cm는 0.5km를 나타낸다.
1cm는 2.5km를 나타낸다.
1cm는 20km를 나타낸다.

"거리만 이상한 거라면 방향은 맞겠지? 조금만 더 가 보자."

산하는 아주 작은 목소리로 속삭였어요.

"강산아, 아까부터 분명히 남쪽으로 가고 있었거든? 그런데 아무리 봐도 여기는 우리 마을 남쪽이 아니라 서쪽인 것 같아."

강산이는 깜짝 놀라 산하한테서 지도를 빼앗아 들었어요.

"일단 지도의 방위 기호부터 보고 나침반을 꺼내 보자."

강산이는 한참 동안 지도를 봤어요. 지도 어디에도 방위 기호가 없었어요.

"이 지도 정말 이상해. 방위 기호가 없어."

산하는 강산이 말에 눈이 동그래졌어요.

"방위 기호가 없다고? 그럼 위쪽이 북쪽이겠네."

강산이는 산하를 존경스러운 눈으로 바라봤어요.

"우아, 대단하다. 방위 기호가 없어도 방향을 알 수 있다니……."

방위 기호는 방향을 알려 주는 그림이야. 지도에 방위 기호가 없으면 지도의 위쪽이 항상 북쪽이지. 그럼 오른쪽은 동쪽, 왼쪽은 서쪽, 아래쪽은 남쪽이란다. 사실 방위 기호는 지도의 위쪽을 북쪽으로 그릴 수 없을 때에 쓰려고 만든 거야.

강산이는 가방에서 나침반을 꺼냈어요. 나침반의 바늘은 항상 북쪽을 가리키니까, 지도의 위쪽과 나침반의 바늘 끝을 맞추면 어느 쪽으로 가야 산나리 마을이 나오는지 알 수 있을 것 같았어요. 산하는 강산이가 나침반을 들고 방향을 맞추는 모습을 뿌듯한 얼굴로 바라봤어요.

한참 동안 몸을 이리저리 틀던 강산이가 갑자기 소리쳤어요.

"이상해. 나침반 바늘이 안 멈추고 빙글빙글 돌기만 해."

산하는 빙그레 웃으며 지도 아래 있는 기호들을 가리켰어요.

지도의 기호

"가까이에 자석이 있는 모양이야. 그러지 말고 지도에 있는 논과 밭, 산을 살펴보고 둘레 풍경과 견주어 찾아보자."

강산이는 둘레 지형을 살펴보고 나서 겨우 방향을 잡았어요. 강산이와 산하는 지금 걷고 있는 이 길이 산나리 마을로 가는 길이 맞기를 빌었어요.

처음에는 판판하던 숲이 점점 높은 언덕으로 바뀌었어요. 산하는 한숨을 몰아쉬며 말했어요.

"휴! 지도를 보며 상상했던 것보다 훨씬 높은 것 같아."

강산이가 산하의 가방을 들어 주며 말했어요.

"평소에 운동을 하면 나처럼 끄떡없잖아."

산하는 은근히 화가 났어요. 하지만 너무 목이 말라 큰 소리를 낼 수도 없었어요. 산하는 강산이 귀에 입을 가까이 대고 무서운 목소리로 속삭였어요.

"너 자꾸 그러면 이 언덕에서 굴려 버린다."

강산이는 산하를 약 올렸어요.

"마음대로 해 봐. 여기서 굴러 봤자 하나도 안 아파."

산하는 으스스한 웃음을 지었어요.

"정말 그렇게 생각해?

지도를 봐. 여기부터 여기까지 얼마나 기울기가 심한지……."

강산이는 잔뜩 굳은 얼굴로 지도를 봤어요. 동그라미만 여러 개 보일 뿐이었어요.

"어디에 기울기가 있다는 거야?"

동그라미가 여러 개 그려져 있는 게 보이지?
이 동그라미 선을 **등고선**이라 해.
동그라미로 산의 생긴 모양을 알 수 있어.
동그라미 빛깔이나 모양을 보면 이곳이 다른 곳에 견주어
얼마나 높은지 또는 낮은지 금방 알 수 있지.
동그라미 선이 서로 가깝게 그려져 있으면 갑자기
높아지는 곳이고, 동그라미 선이 널찍하게 그려져 있으면
기울기가 낮은 곳이야. 어때, 생각보다 쉽지?

04 산지와 산맥
산봉우리에 올라 산줄기를 보다

지도와 쪽지를 들고 산나리 마을 이장인 오산맥을 찾아 나선 강산이와 산하!
하지만 강산이와 산하는 밤이 이슥한데도 목적지를 못 찾습니다.
그때 산속에서 한 줄기 불빛이 강산이와 산하 쪽으로 다가오는데…….

강산이는 산하를 따라 바삐 걸었어요. 아무리 걸어도 마을은커녕 산봉우리도 안 보였어요. 엎친 데 덮친 격으로 해마저 산 너머로 져 버렸지요. 강산이는 두 손을 싹싹 비볐어요.

"아유, 추워. 산에서는 해만 지면 춥다더니 정말이네."

산하는 불안한 얼굴로 둘레를 둘러봤어요.

"눈에 보이는 것은 모조리 나무야. 강산아, 어쩌면 좋을까?"

강산이는 기가 막혀 소리를 질렀어요.

"마을 뒷산에서 길을 잃었다고 하면 사람들이 비웃을 거야."

산하는 창피한 마음을 감추려고 더 크게 소리쳤어요.

"나도 뒷산에서 길을 잃어 버릴 생각은 조금도 없어. 이 지도가 엉터리여서 그렇지."

강산이는 땅바닥에 길게 뻗어 버렸어요.

"더는 못 걷겠어. 아무리 엉터리 지도라고 하지만 이건 걸어도 걸어도 끝이 없잖아."

산하도 강산이를 따라 누웠어요.

"이 산은 마을 뒷산이라고 해도 제법 높은 산봉우리가 있는 제대로 된 산이라고."

강산이는 하늘을 보며 후회했어요.

"이럴 줄 알았으면 조금 돌더라도 큰길로 가자고 우길걸."

산하는 풀 죽은 목소리로 중얼거렸어요.

"길도 잘 못 찾는데 지도만 믿고 여기까지 오는 게 아니었어."

강산이는 산하의 어깨를 두드리며 밝게 웃었어요.

"너무 걱정하지 마. 무서운 동물이 있는 것도 아니고 조금만 더 가면 마을이 보이겠지. 배고파?"

강산이는 가방에서 초콜릿을 꺼내 산하한테 건네줬어요.

깜깜한 밤중이라 산속은 정말 무서웠어요. 어디선가 이상한 새소리가 들리고 낯선 동물 울음소리도 들렸어요. 무엇보다 괴로운 건 온몸이 욱신욱신 쑤실 만큼 싸늘한 바람이었어요. 강산이는 한숨이 나왔어요.

'해가 뜨려면 한참 기다려야 할 텐데 그때까지 어떻게 버티지?'

산하가 살며시 강산이 손을 잡았어요.

"안 졸고 버티기만 하면 아무 문제 없을 거야."

강산이는 깨어 있으려고 애썼어요. 하지만 어젯밤에 잠을 못 잔 탓에 눈꺼풀이 쇳덩이처럼 무거웠어요. 산하는 두 눈에 힘을 주며 소리쳤어요.

"졸면 위험하다고 했잖아!"

강산이는 눈을 비비며 말했어요.

"우리 해가 뜰 때까지 안 졸게 이야기나 하자."

산하는 밝게 웃으며 찬성했어요. 강산이가 이야기를 꺼냈어요.

"우리가 한참 동안 걸었잖아. 지금 어디쯤 있는 걸까?"

산하는 고개를 갸웃거렸어요.

"글쎄, 어디쯤 있을까?"

① **골짜기** : 두 산 사이에 깊숙이 패어 들어간 곳을 말해. 물이 흐르는 골짜기를 계곡이라고 하지.
② **산봉우리** : 산의 가장 높은 곳을 이르는 말이야.
③ **산등성이** : 산의 봉우리에서 봉우리로 이어지는 산의 등줄기로, 산등성이의 높은 곳은 봉우리, 낮은 곳은 안부라고 불러.
④ **능선** : 산의 봉우리에서 봉우리로 이어지는 산등성이의 선을 말해.
⑤ **안부** : 산의 등성이가 낮아져서 말 안장 모양으로 된 곳이야.
⑥ **고개** : 산등성이의 봉우리와 봉우리 사이의 낮은 곳으로, 재 또는 영이라고 하기도 해.
⑦ **고원** : 높은 산 위에 넓고 판판하게 펼쳐진 땅이지.

그때 멀리서 불빛이 보였어요. 불빛은 점점 강산이와 산하 쪽으로 다가왔어요.

산하가 떨리는 목소리로 속삭였어요.

"점점 다가오고 있어. 어쩌면 귀신인지도 몰라."

산하는 바들바들 떨며 강산이 뒤에 숨었어요. 불빛은 다가올수록 손전등처럼 보였어요. 잔뜩 긴장한 강산이와 산하 얼굴에 불빛이 비치더니 이윽고 불빛 뒤에서 낯선 아저씨의 목소리가 들렸어요.

"밤중에 여기서 뭐 해?"

아저씨가 손전등을 내리며 묻자, 강산이가 말했어요.

"산에서 길을 잃어 해가 뜨기만을 기다리고 있었어요."

아저씨는 빙그레 웃었어요.

"어쩐지 오늘따라 산속이 조용하더라. 꽤나 춥지?"

강산이는 긴장을 안 늦추고 물었어요.

"아저씨는 누구신데 밤에 산을 돌고 계세요?"

"나는 산나리 마을 이장인 오산맥이란다. 며칠 전부터 누가 산에 쓰레기를 몰래 묻어서 살펴보러 나왔지."

산하가 깜짝 놀라 외쳤어요.

"산나리 마을 이장님이라고요? 아저씨를 만나러 산나리 마을로 가다가 길을 잃었잖아요."

이장 아저씨는 두 눈을 깜빡이며 말했어요.

"왜 멀쩡한 길을 두고 산으로 왔어? 이 산은 산봉우리가 낮아서 자칫하면 못 알아보고 지나치기 쉽단다."

　이장 아저씨는 강산이와 산하를 데리고 산을 내려왔어요. 커다란 나무가 빽빽이 우거진 곳을 지나 숲 밖으로 나오자, 어두운 밤인데도 산봉우리가 보였어요.

　산하가 못마땅한 듯 투덜거렸어요.

　"세상에, 산봉우리가 이렇게 낮은 산이 어디 있어요?"

산이 둘레의 땅에 견주어 높이 솟아오른 곳이라는 건 알지? 산봉우리는 산에서도 가장 높은 곳을 말해. 산이 없다면 산봉우리가 있을 수 없어.

산에서 길을 잃으면 먼저 산봉우리만 찾으세요.

여기 독수리봉의 산봉우리가 보여요. 어디로 가야 산장이죠?

이장 아저씨는 강산이와 산하를 집으로 데려갔어요. 그러고는 따뜻한 코코아와 찐 감자를 내놓았어요.

"집에 아이들이 없으니까 먹을 것이 마땅치 않구나."

강산이와 산하는 찐 감자를 허겁지겁 먹었어요. 이장 아저씨는 흐뭇하게 웃었어요.

"나를 만나러 오느라 엄청나게 고생했구나."

산하가 강산이 옆구리를 팔꿈치로 찔렀어요. 강산이는 입 안 가득 감자를 물고 우물거리며 말했어요.

"이게 모두 제가 공부를 못해서 생긴 일인걸요. 이렇게라도 해서 다음 학기에 지리 성적이 오르면 좋겠어요."

이장 아저씨는 강산이가 들고 온 지도와 쪽지를 보고 웃었어요.

"누가 이 지도랑 쪽지를 너희한테 줬어?"

산하가 마지막 남은 감자를 낚아채며 재빨리 말했어요.

"아빠가 주셨어요. 강산이가 워낙 공부를 못해서 학교에서 쫓겨날지도 모른다니까 걱정이 되셨나 봐요."

이장 아저씨는 큰 소리로 웃었어요.

"아하, 어쩐지 얼굴이 낯익더라. 너희 고 박사네 쌍둥이구나?"

강산이가 눈을 동그랗게 뜨고 물었어요.

"아저씨, 저희 아빠 아세요?"

"알고말고. 너희 아빠는 세상에서 둘도 없는 내 친구란다."

이장 아저씨는 쪽지에 큼직하게 서명을 했어요. 강산이는 신 나서 쪽지를 보고 또 봤어요. 이장 아저씨가 물었어요.

"너희 아빠 방에 아직도 산맥 사진이 잔뜩 붙어 있지?"

강산이와 산하가 고개를 끄덕이자, 이장 아저씨는 너털웃음을 터뜨렸어요.

"하하, 그게 내가 준 사진이란다. 옛날에는 산지랑 산맥도 잘 구별 못했는데……. 그런 친구가 이제는 학생들을 가르치니, 대단한 일이야."

강산이가 고개를 갸웃거렸어요.

"산지랑 산맥이 다른가요?"

"암, 다르고말고. 그냥 산이 여러 개 모여 있는 것은 산지, 산지 가운데에서도 산봉우리가 길게 늘어선 것을 산맥이라 하지. 하지만 누가 뭐라 해도 산맥 가운데 가장 멋진 것은 등줄 산맥이란다."

산하는 아빠 방에 붙어 있는 수많은 사진을 떠올렸어요.

"아빠 방에 산맥 사진이 많던데, 어떤 산맥이 등줄 산맥인가요?"

이장 아저씨는 신이 나서 등줄 산맥 이야기를 했어요.

강산이와 산하는 그날 밤 이장 아저씨의 이야기를 듣다가 밥상에 엎드린 채 잠이 들었답니다.

세계의 주요 산맥

등줄 산맥은 어느 한 지역과 다른 지역을 나눠 주는 산맥이야. 북아메리카의 로키 산맥과 남아메리카의 안데스 산맥, 유럽의 알프스 산맥, 러시아의 우랄 산맥, 아시아의 히말라야 산맥은 세계에서 이름난 등줄 산맥이지.

05 지진과 땅
땅 할아버지를 만나다

강산이와 산하는 산나리 마을 이장 아저씨 덕분에 쉽게 강하나 선생님 댁을 찾아갔어요.
그런데 선생님 댁에서 심통 맞은 땅 할아버지를 만납니다.
산하는 땅 할아버지한테 지리에 얽힌 퀴즈 맞히기를 하자고 합니다.

다음 날, 강산이와 산하는 해가 뜰 무렵 집이 마구 흔들리는 바람에 잠에서 깼어요. 강산이는 침대에 엎드린 채 고개만 돌려 둘레를 살폈어요. 산하가 작은 목소리로 속삭였어요.

"강산아, 설마 지진은 아니겠지?"

"나도 잘 모르겠어. 이런 일은 태어나서 처음이라······."

그때 이장 아저씨가 몸을 낮추고 살금살금 다가왔어요.

"걱정하지 마라. 큰 지진은 아니니까 무서워할 것 없어."

강산이는 지진이 왜 일어나는지 궁금했어요.

이장 아저씨는 지진이 무엇인지 알려 줬어요.

실수로 머리를 부딪히면 머릿속에서 이상한 소리가 울리지? **지진**은 땅속에 있는 것들이 서로 부딪히는 바람에 땅 위에 있는 것들이 울리는 것을 말해. 지진이 많이 일어나는 곳은 정해져 있어. 보통 지진이 많이 일어나는 곳에서는 화산 폭발이 많이 일어난단다. 화산은 이름처럼 뜨거운 불 산이지만 너무 무서워하지는 마. 화산 폭발 덕분에 지구 위에 새로운 땅과 산과 섬들이 생겨나니까 말이야.

땅 할아버지를 만나다 55

세계의 지진대

아래 지도에서 진하게 표시된 곳은 지진이 잘 일어나는 지역이야.

　이장 아저씨가 이야기를 하는 사이 지진이 멎었어요. 하늘 높이 날아올랐던 새 떼들은 다시 땅에 내려앉고, 이상한 소리를 내며 흔들리던 유리병들도 조용해졌어요. 강산이와 산하는 자리에서 일어나며 가슴을 쓸어내렸어요.

　"휴! 깜짝 놀랐네."

　이장 아저씨도 자리에서 일어나 옷에 묻은 먼지를 털었어요.

　"자, 이제 지진이 멎었으니 어서 가서 세수하고 오너라."

　강산이와 산하가 세수를 하고 돌아오자 밥상에 먹음직스러운 아침밥이 차려져 있었어요. 강산이는 아침밥을 보자 힘이 났어요. 이장 아저씨는 빙그레 웃으며 말했어요.

　"쪽지에 적혀 있는 강하나 선생님 댁으로 가는 열차가 아침 여덟

시에 있단다."

산하는 눈이 동그래졌어요.

"아저씨, 강하나 선생님을 아세요?"

이장 아저씨는 고개를 들어 먼 하늘을 보며 잠깐 눈을 감았다가 고개를 끄덕였어요.

"그럼, 나랑 너희 아빠의 담임 선생님이셨어. 자, 아침밥을 먹고 나면 열차 타는 곳까지 데려다 주마."

강산이와 산하는 신 나서 부지런히 밥을 먹었어요. 배불리 먹고 나자, 이장 아저씨는 약속한 대로 강산이와 산하를 역까지 바래다 주었어요.

"강하나 선생님이 사는 분지 마을은 이 열차를 타고 마지막 정거장까지 가면 된단다."

강산이와 산하는 이장 아저씨가 안 보일 때까지 손을 흔들었어요. 강산이는 이장 아저씨가 안 보이자 그제야 자리에 앉았어요.

산하는 강산이를 보고 해실해실 웃었어요.

"이장 아저씨, 정말 좋은 분이지?"

강산이는 큰 소리로 말했어요.

"응, 어제 먹은 찐 감자도 그렇고, 오늘

아침에 먹은 밥도 정말 맛있었어."

산하도 맞장구쳤어요.

"나도 마찬가지야."

강산이는 문득 생각났다는 듯이 산하한테 물었어요.

"분지 마을에 계신다는 강하나 선생님은 과연 어떤 분일까?"

산하는 상냥한 목소리로 물었어요.

"강산아, 분지가 무엇인지 알아?"

강산이는 고개를 절레절레 저었어요.

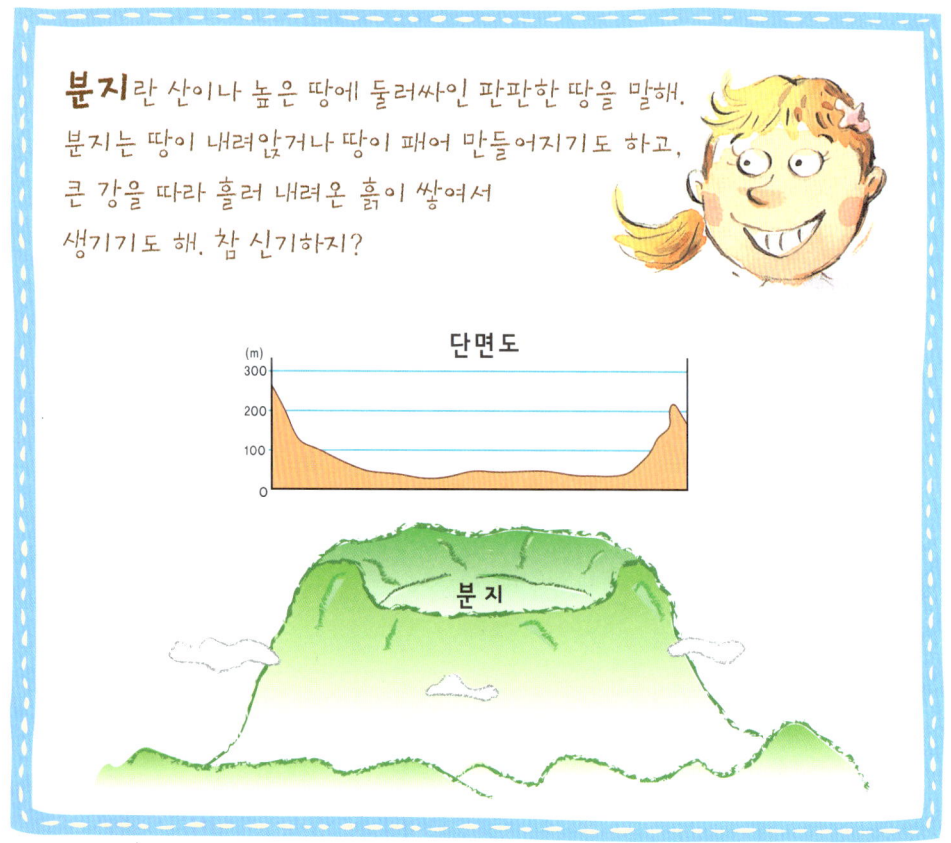

분지란 산이나 높은 땅에 둘러싸인 판판한 땅을 말해. 분지는 땅이 내려앉거나 땅이 패어 만들어지기도 하고, 큰 강을 따라 흘러 내려온 흙이 쌓여서 생기기도 해. 참 신기하지?

강산이와 산하가 탄 열차는 산봉우리 사이에 난 길을 따라 열심히 달려 분지 마을에 다다랐어요. 한참 만에 땅을 밟은 강산이와 산하는 기분이 아주 좋았어요.

"음, 향긋한 사과 냄새."

강산이와 산하는 가장 먼저 큰 식당으로 갔어요. 그리고 먹을거리를 잔뜩 시켜 먹었어요. 산하가 음식 값을 내며 물었어요.

"혹시 강하나 선생님 댁이 어디인지 아세요?"

주인아주머니는 손가락으로 언덕 위에 있는 작은 집을 가리켰어요. 강산이와 산하는 주인아주머니한테 고개 숙여 인사했어요.

"고맙습니다."

주인아주머니는 상냥하게 웃으며 말했어요.

"나침반과 지도를 들고 있는 걸 보니 지리 학교 학생 같은데, 강하나 선생님이 반가워하시겠네."

강산이와 산하는 어서 빨리 선생님을 뵙고 싶어 단숨에 언덕을 올라갔어요. 작은 집 앞에서 머리와 수염이 온통 하얀 할아버지가 부지런히 땅을 파고 있었어요. 강산이가 할아버지한테 물었어요.

"혹시 여기가 강하나 선생님 댁 맞나요?"

할아버지는 퉁명스러운 얼굴로 강산이와 산하를 바라봤어요.

"우리 마누라를 옛날에는 그렇게 불렀지."

산하가 신 나서 물었어요.

"강하나 선생님, 지금 어디 계세요?"

할아버지는 시큰둥한 얼굴로 투덜거렸어요.

"내가 왜 그걸 알려 줘야 하지?"

갑자기 강산이와 산하 입이 굳어 버렸어요. 강산이는 고개를 숙이고 상냥한 목소리로 말했어요.

"저희는 왕빛나 지리 학교 학생이에요. 강하나 선생님 도움이 필요해서 찾아왔습니다. 혹시 멀리 나가셨나요?"

할아버지는 들은 척도 안 했어요. 산하는 어떻게 해서든 심술궂

은 할아버지한테 대답을 듣고 싶었어요. 그래서 열심히 둘레를 둘러봤지요. 그때 '영감이 좋아하는 것'이라고 적힌 책꽂이에 퀴즈 책이 보였어요. 산하가 씩씩하게 물었어요.

"할아버지, 퀴즈 좋아하세요?"

할아버지는 잔뜩 화난 얼굴로 산하를 바라봤어요.

"이제부터 땅 할아버지라고 불러라. 내가 퀴즈를 좋아한다고 누가 그러더냐?"

산하는 할아버지가 넘어오고 있다는 것을 눈치챘어요.

"저희가 땅 할아버지가 낸 퀴즈를 모두 맞히면 강하나 선생님이 어디 가셨는지 말씀해 주세요."

"좋다. 후회하기 없기다."

강산이는 잔뜩 긴장한 얼굴로 산하와 땅 할아버지를 바라봤어요. 산하는 강산이한테 눈을 찡긋했어요. 땅 할아버지는 강산이와 산하한테 의자를 내주고 잔뜩 찌푸린 얼굴로 입을 열었어요.

"자, 이제 시작해 볼까?"

땅 할아버지는 나라 이름이 하나도 안 적힌 하얀 지도를 강산이와 산하 앞에 펼쳐 놓았어요.

"세계는 여섯 개의 큰 땅으로 이루어져 있다는 것은 알지?"

산하가 말없이 고개를 끄덕였어요. 땅 할아버지는 얄궂은 웃음을 보이며 말했어요.

"내가 말하는 땅이 어디인지 이 지도에서 찍어 보아라."

세상에서 가장 많은 사람들이 사는 땅이고,
세계에서 가장 큰 땅이기도 하지.
한국, 중국, 인도, 일본 같은 나라가 내 위에 있어.

나는 아시아 서쪽에 있어.
아시아와 난 서로 꼭 붙어 있지.
우리 사이를 높고 큰 우랄 산맥이
가로막고 있어서
우리를 서로 다른 땅이라고 해.
내 위에는 크기가 작고 역사가
오래 된 나라들이 많아.

나는 아주 여러 모습을 지니고 있어.
옛날 사람들은 나를 깜깜한 밤처럼
속을 들여다볼 수 없다고 해서
검은 대륙이라고 불렀어.
내 위에는 여러 종류 원시인들이
살고 있고, 넓은 사막과
정글도 있어.

나는 남극을 빼고는 가장 작은 대륙이야.
내 위에는 오스트레일리아라는 나라가 있지. 내 한가운데에는
사막이 있어서 많은 사람들이 주로 바닷가에 모여 산단다.

강산이와 산하는 땅 할아버지가 낸 문제를 하나도 안 놓치려고 열심히 들었어요.

산하는 땅 할아버지가 낸 문제를 모두 맞혔어요. 땅 할아버지는 어쩔 수 없다는 듯이 말했어요.

"약속은 약속이니 알려 주지. 우리 마누라는 딸네 집에 갔다가 내일 돌아온단다."

강산이와 산하는 신 나서 제자리에서 팔짝팔짝 뛰었어요. 땅 할아버지는 강산이와 산하의 얼굴을 슬쩍 바라보며 작은 목소리로 중얼거렸어요.
　"우리 마누라가 올 때까지 여기 있어도 좋다. 땅에 얽힌 궁금한 것이 있으면 무엇이든지 물어봐라."
　강산이와 산하는 상상도 못했던 상냥한 말에 감동해서 땅 할아버지를 와락 껴안았어요. 땅 할아버지는 얼굴을 살짝 붉히며 더듬거렸어요.
　"하지만 난……, 땅 말고는 아, 아는 것이 없다."

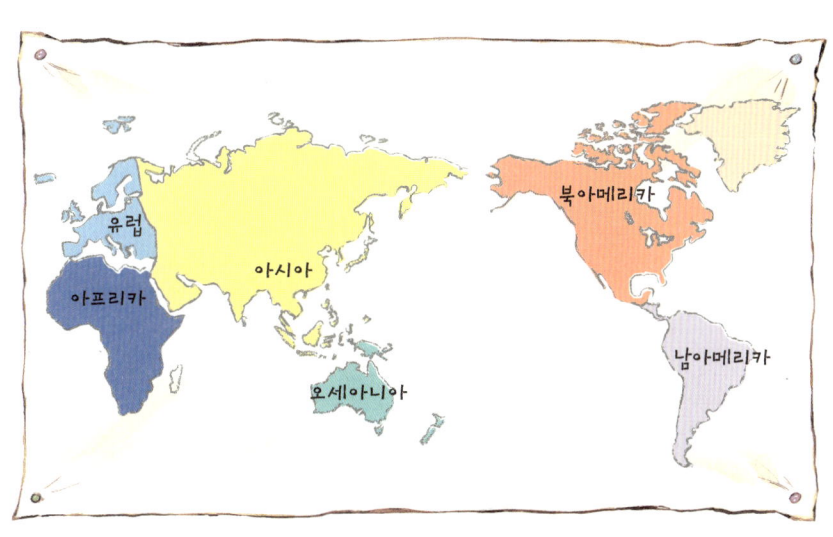

06 땅의 변화와 세계의 강
울퉁불퉁한 땅을 매끈하게

땅은 여러 가지 힘을 받아 모습을 바꾼답니다. 그 가운데에서도 강물은 땅을 기름지게 만들고 사람이 살 수 있는 좋은 환경을 만들어 준다는 사실을 알았어요. 강하나 선생님한테 서명을 받은 강산이와 산하는 이제 한해양 선생님을 만나러 갑니다.

밤이 되자, 땅 할아버지는 강산이와 산하를 침대에 눕히며 무뚝뚝하게 말했어요.

"어서 자라. 그래야 내일 우리 마누라 만나러 가지."

강산이와 산하는 땅 할아버지한테 인사하고 이 닦는 것도 잊은 채 그냥 잠이 들었어요.

땅 할아버지는 아침 일찍 일어나서 강산이와 산하를 흔들어 깨웠어요.

"애들아, 어서 나가자. 우리 마누라 올 시간 다 됐어."

강산이는 이불 속으로 파고들며 중얼거렸어요.

"아빠, 5분만 더요."

산하는 졸린 눈을 비비며 부스스 일어났어요.

"하앙, 안녕히 주무셨어요?"

땅 할아버지는 강산이를 한심한 듯 바라보며 말했어요.

"네 동생은 아무래도 안 일어날 모양이다. 우리끼리 가야겠다."

땅 할아버지와 산하는 세수하고, 옷을 입고, 아침밥을 먹었어요. 한밤중이던 강산이는 구수한 밥 냄새에 이끌려 눈을 떴어요.

"맛있는 냄새다."

갑자기 배가 꾸르륵거렸어요. 강산이는 이불을 걷어차고 자리에서 발딱 일어났어요. 허둥지둥 세수를 하고 부엌으로 뛰어나왔지요.

"저도 배고파요."

온통 하늘 높이 뻗친 강산이 머리카락을 보며 땅 할아버지와 산하가 웃었어요.

"하하하!"

아침밥을 먹고 땅 할아버지는 강산이와 산하를 데리고 집을 나섰어요. 땅 할아버지는 언덕을 내려오다 논과 밭을 보며 말했어요.

"내가 퀴즈 하나 내지. 무엇이 땅 모양을 바꿀 수 있을까?"

산하가 재빨리 말했어요.

"지진이랑 화산이요."

땅 할아버지는 산하를 보며 빙그레 웃었어요. 땅 할아버지는 손끝으로 언덕 아래 보이는 논밭을 가리키며 말했어요.

"산하의 말이 반은 맞고 반은 틀렸어. 땅속에서 올라오는 힘 말고도 땅 모양을 바꾸는 것들이 따로 있거든."

강산이와 산하는 논밭을 보며 고개를 갸웃거렸어요. 그때 강산이가 큰 소리로 외쳤어요.

"사람들이 땅 모양을 바꿔 놓을 수 있어요."

산하는 배를 잡고 발을 동동 구르며 웃었어요.

"하하하, 정말 대단해."

강산이가 땅 할아버지를 바라보며 물었어요.

"제가 무얼 잘못했나요?"

땅 할아버지는 고개를 저으며 말했어요.

"틀린 말은 아니지만 상상도 못했던 대답이구나."

사람들이 농사를 짓는 논과 밭은 모두 평지야. **평지**는 판판한 땅을 이르는 말이지. 예나 지금이나 사람들은 평지에 많이 모여 살아. 평지는 오랜 시간에 걸쳐 땅 모양이 변해 만들어진 것이지. 땅 모양은 바람이나 물방울, 비, 커다란 얼음덩어리 같은 것 때문에 아주 천천히 조금씩 바뀐단다.

바람은 얼핏 보기에는 그저 공기가 움직이는 것 같지만 한번 강하게 불면 엄청난 힘이 돼. 바람은 돌과 바위를 둥글둥글하게 깎아서 산을 둥글둥글하게 만들기도 하지.

물은 적은 양이라도 한곳에 꾸준히 떨어지면 바위도 뚫을 수 있어. 비는 바람과 함께 산 모양을 바꾸고, 강에 물을 주어 평지를 만드는 일을 돕기도 하지.

크고 단단한 **얼음덩어리**가 땅 위에서 미끄러진다고 생각해 봐. 땅에 커다란 자국이 생기겠지? 날씨가 따뜻해지면서 녹은 땅 위의 얼음덩어리들이 이곳저곳을 다니며 상처를 내. 북아메리카에 있는 호수들은 거의 모두 이런 얼음덩어리가 만든 것이란다.

땅 할아버지는 마을 버스 정류장으로 부지런히 걸으며 쉬지 않고 이야기를 늘어놓았어요.

땅 할아버지는 마을 버스 정류장 앞에 서서 말했어요.

"사실 우리가 살고 있는 이 땅 모습을 가장 많이 바꾼 것은 강물이란다."

강산이와 산하가 똑같이 외쳤어요.

"강물이 어떻게 땅 모습을 바꿔요?"

땅 할아버지는 방금 들어온 버스를 가리키며 빙긋이 웃었어요.

"우리 마누라를 만나면 물어보아라. 조금 있으면 저기 저 버스에서 내릴 거야."

버스 문이 열리자, 키가 작고 통통한 할머니 한 분이 내렸어요. 할머니는 멀찌감치 서 있는 땅 할아버지를 알아보고 걸어오면서 말했어요.

"영감, 여기까지 어쩐 일이에요?"

땅 할아버지는 강산이와 산하를 가리키며 말했어요.

"당신 제자 고 박사네 아이들이라는구먼. 이 아이들이 당신을 찾아왔기에 데리고 왔지."

할머니는 강산이와 산하의 얼굴을 찬찬히 살펴봤어요.

산하가 할머니한테 물었어요.

"할머니께서 강하나 선생님이세요?"

할머니는 마음씨 좋게 웃었어요.

"그래, 내가 강하나란다. 무슨 일로 나를 찾아왔지?"
강산이가 선생님을 보며 물었어요.
"강물이 어떻게 땅 모습을 바꾸나요?"

곡류의 변화

높은 곳에서 낮은 곳으로 흐르는 **물**은 힘이 있단다. 그 힘은 물이 흐르는 바닥에 있는 흙이나 모래, 바위 따위를 깎을 수 있을 만큼 강하지. 강물은 언제나 흐르고 있어. 그러니 힘이 엄청나겠지? 강물은 자기가 깎아 내린 것들을 가지고 바다로 흘러. 힘이 떨어지면 가지고 있던 것들을 슬그머니 그 자리에 두고 간단다. 갑자기 땅의 기울기가 낮아지면 물의 힘이 줄어들어서 나르던 것들이 바닥에 그냥 쌓인단다. 강물은 그렇게 해서 땅 모양을 바꾸기도 하고, 없던 땅을 만들기도 하고, 또 없던 호수를 생기게도 한단다.

5,000~8,000년의 시간을 두고 천천히 바뀐다.

물의 흐름이 바뀌어 호수가 생긴다.

A: 공격 사면 B: 활주 사면

→ 물의 흐름 ▨ 퇴적 ▥ 침식

하적호

울퉁불퉁한 땅을 매끈하게

강산이와 산하는 기절할 것 같았어요.

'평야를 만드는 것도 모자라서 호수까지 만들다니……'

강물이 이렇게 엄청난 일을 하는 줄은 꿈에도 몰랐거든요. 강하나 선생님은 상냥한 목소리로 말했어요.

"강이 없었다면 사람들은 아마 살 수 없었을 거야. 너희는 세계에서 이름난 강들의 이름을 알고 있지?"

언제나 씩씩하게 대답하던 산하가 고개를 푹 숙였어요.

집으로 돌아오자마자 강하나 선생님은 강산이한테 지리가 무엇인지 물었어요. 강산이는 더듬거리며 알고 있는 것을 모조리 이야

4대 문명 발상지

이집트 문명 - 나일 강
메소포타미아 문명 - 티그리스 강, 유프라테스 강
인더스 문명 - 인더스 강
황하 문명 - 황허 강

사람들이 살려면 물이 꼭 필요하단다.
그래서 옛날 사람들은 물이 많고, 물고기 같은
먹을 것이 풍부하며, 농사짓기 좋은 강가에 모여 살았어.
뛰어난 문화를 가진 이집트 문명, 메소포타미아 문명,
인더스 문명, 황하 문명 이렇게 4대 문명이
처음 일어난 곳도 바로 강가란다.

기했어요. 강하나 선생님은 쪽지에 서명을 하며 만족스러워했어요.

"지리를 많이 알진 못하지만 열심히 노력했구나. 내가 보기에 너는 훌륭한 지리학자가 될 재능이 보여."

강산이는 얼굴을 붉히며 수줍어했어요. 옆에서 쪽지를 보던 땅 할아버지가 반가운 목소리로 말했어요.

"이 친구도 목록에 있군. 다음엔 한해양을 만나러 가렴."

강산이와 산하는 귀가 번쩍 뜨였어요.

"땅 할아버지, 이 분을 아세요?"

땅 할아버지는 아무렇지도 않은 듯 말했어요.

"내 편지 친구야. 여기서 버스를 타고 가면 이 친구가 사는 해초 마을이 나오지. 오랫동안 버스를 타야 하는 게 걱정이지만 가장 편한 방법이야."

강하나 선생님이 땅 할아버지한테 말했어요.

"여보, 그러지 말고 내일 아침 일찍 버스를 태워 주고 오세요."

땅 할아버지가 고개를 끄덕였어요.

"그러면 되겠군. 걱정 말고 하루 더 우리 집에 있다가 가거라."

강산이가 신 나서 땅 할아버지를 와락 껴안았어요.

"땅 할아버지, 정말 고마워요."

땅 할아버지는 머쓱한 얼굴로 포옹을 살며시 풀며 말했어요.

"조금도 고마워할 것 없어. 간 김에 마을에 내려가 새 퀴즈 책을 사 오려는 것뿐이니까."

07 5대양
바다라고 다 같은 바다가 아니야

강산이와 산하는 한해양 할아버지를 만나러 갔어요. 뜻밖에도 한해양 할아버지는 나이가 어렸어요. 땅 할아버지의 편지 친구라 할아버지라는 별명이 붙었대요. 해양이 형도 지리 공부를 못했다는 말에 강산이는 용기를 얻습니다.

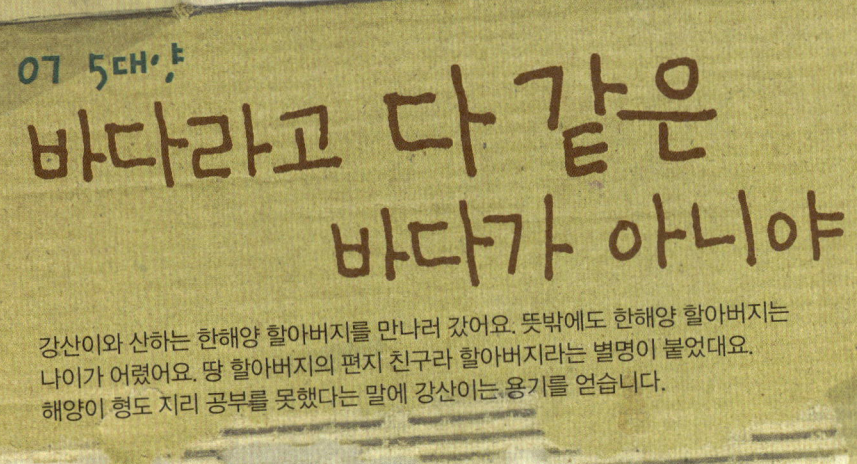

강산이와 산하가 탄 버스는 숲과 밭, 논을 지나갔어요. 버스는 이미 여러 마을을 지났지만 한없이 달리기만 했어요. 산하는 울렁거리는 속을 참으며 투덜거렸어요.

"이렇게 빙빙 도느니 우리끼리 걸어가는 게 더 빠를지도 몰라."

강산이는 그 순간 산하의 엉터리 방향 감각이 떠올랐어요.

"나는 한참 걷는 것보다 버스 타고 한참 가는 게 훨씬 좋아."

산하가 째려보았어요. 강산이는 뜨끔했지요. 산하의 관심을 다른 곳으로 돌리려고 뚫어져라 창 밖을 바라보았어요. 때마침 언덕 너머로 너른 바다가 보였어요. 강산이는 재빨리 외쳤어요.

"저기 봐. 바다야!"

산하는 신 나서 창 밖으로 고개를 내밀었어요. 파란 바다가 멋지게 펼쳐져 있었지요. 짭조름한 바닷바람이 마구 불어오자 산하가 들뜬 목소리로 외쳤어요.

"태어나서 이렇게 큰 바다는 처음 봐."

그때 버스 운전사가 강산이와 산하를 보고 소리쳤어요.

"이봐, 거기 조심해."

산하는 자리에 털썩 주저앉았어요.

"하기야 저 바닷물이 모조리 태평양 건너 미국으로 갈 리도 없고 흥분할 필요 없지."

강산이는 고개를 갸웃거렸어요.

"태평양?"

산하는 가볍게 말했어요.

"우리나라와 미국은 태평양이라는 대양을 사이에 두고 마주 보고 있잖아. 설마 대양이 뭔지 모르는 것은 아니겠지?"

강산이가 태평하게 물었어요.

"대양이 뭐야?"

대양은 세계에서 다섯 개밖에 없는 아주 커다란 바다를 이르는 말이야. 대양은 크기가 커야 할 뿐 아니라 다른 바다와 독립된 자기만의 영역과 흐름이 있어야 한다고.

인도양(Indian Ocean)
거의 적도 남쪽에 자리하고 있어.
내 영역 안에는 섬나라들이 많아.
나는 대양 가운데 세 번째로 크지.

북극해(Arctic Ocean)

나는 아시아, 유럽, 북아메리카에 둘러싸여 있어. 아주 커다란 바다일 것 같다고? 사실 나는 대양 가운데 작은 편이란다. 지구 꼭대기에 있다 보니 언제나 얼음으로 뒤덮여 있어. 나랑 가장 비슷한 남극해는 다른 대양과 닿아 있어서 대양을 셀 때 종종 빼고 세기도 해.

대서양(Atlantic Ocean)

세계에서 두 번째로 큰 바다란다. 한쪽은 유럽과 아프리카 땅에, 다른 한쪽은 아메리카 땅에 닿아 있어. 그래서 유럽 사람들은 나를 그리스·로마 신화에 나오는 커다란 거인 '아틀라스'의 바다라고도 하지. 수많은 강들이 쉴 새 없이 내 몸속으로 흘러들어서 나는 다른 대양들보다 덜 짜단다.

태평양(Pacific Ocean)

세계에서 가장 넓고 깊은 바다야. 지구에 있는 모든 땅을 다 더한 것보다 더 넓지. 내 이름은 탐험가 마젤란이 지었어. 내 이름에는 평화라는 뜻이 담겨 있지만, 난 절대로 평화롭지 않아. 내 영역에 있는 많은 섬에서 화산 폭발이 일어나거든.

남극해(Antarctic Ocean)

태평양, 대서양, 인도양의 남쪽 끝으로, 남극 땅 둘레의 남쪽 해역과 그에 딸린 땅이나 섬으로 둘러싸인 바다들을 가리키는 말이란다.

한참 만에 다다른 해초 마을은 강과 바다가 만나는 곳에 있는 작은 마을이었어요. 강산이는 둘레를 둘러보며 큰 소리로 외쳤어요.

"바람이 엄청나게 불어. 비가 오려나 봐."

산하는 말없이 고개만 끄덕였어요.

강산이와 산하는 가장 먼저 한해양 할아버지가 살고 있는 집을 찾기로 했어요. 마을 이곳저곳을 둘러봤지만 아무도 없었어요. 강산이는 둘레를 둘러보며 말했어요.

"이상하다. 꼭 텅 빈 마을 같아."

산하는 가까운 곳에 있는 가게 문을 열어 보았어요. 무슨 일인지 문이 꼼짝도 안 했어요. 산하는 투덜거렸어요.

"무슨 가게가 문이 꽁꽁 닫혀 있지? 한해양 할아버지 집을 어떻게 찾아야 하나?"

강산이와 산하가 한숨을 쉬며 돌아서려는 순간 머리 위에서 목소리가 들렸어요.

"무슨 일이야?"

강산이와 산하는 고개를 들어 올려다보았어요. 가게 주인으로 보이는 뚱뚱한 아주머니가 옥상 위에서 강산이와 산하를 보며 물었어요.

"처음 보는 아이들 같은데, 무얼 찾고 있어?"

강산이가 큰 소리로 외쳤어요.

"아주머니, 거기서 뭐 하고 계세요?"

아주머니는 고기잡이 그물을 걷으며 말했어요.
"날씨가 안 좋아서 널어놓은 그물을 걷으러 왔지."
강산이가 고개를 갸웃거리며 물었어요.
"마을 사람들은 다들 어디 갔어요?"
아주머니가 웃으며 말했어요.
"남자들은 배 타고 나가서 안 돌아왔고, 여자들은 모르긴 해도 밭에 간 모양이다."
산하가 아주머니한테 물었어요.
"아주머니, 한해양 할아버지가 어디 사시는지 아세요?"

아주머니는 고개를 갸웃거렸어요.

"한해양 할아버지라고?"

아주머니는 잠깐 생각하더니 손뼉을 쳤어요.

"아하, 서울에서 온 지리학자 양반 이름이 한해양이었지? 그 사람이라면 요 앞 갯벌에 있을 거다."

강산이와 산하는 아주머니가 알려 준 갯벌 쪽으로 걸어갔어요. 바닷가로 거센 바람이 불어왔어요. 강산이가 잔뜩 긴장한 얼굴로 둘레를 둘러보며 말했어요.

"꼭 엄청난 파도가 밀려올 것만 같아."

산하는 강산이 얼굴을 보며 빙그레 웃었어요.

"걱정하지 마. 여기는 해안선이 안 복잡해서 많은 양의 바닷물이 쏟아져 들어오지는 않을 거야."

강산이는 여전히 긴장을 풀지 않은 채 물었어요.

"해안선만 보고도 그걸 알 수 있어?"

산하가 다시 한 번 빙그레 웃었어요.

"그럼 당연하지."

강산이와 산하는 드넓은 갯벌을 돌아다니며 한해양 할아버지를 찾았어요. 강산이가 큰 소리로 외쳤어요.

"한해양 할아버지!"

산하도 강산이를 따라 큰 소리로 외쳤어요.

해안 모습

땅이 바다와 만나는 곳을 **해안**이라고 해. 해안은 만들어지는 방법에 따라 모양이 아주 여러 가지란다.

침수 해안 쑥 들어간 곳에 배를 넣어 두면 폭풍에도 끄떡없어서 항구로는 최고야.

이수 해안 넓은 모래밭이 바다 속 깊은 곳까지 있어서 해수욕장으로는 으뜸이야.

바닷가에서 낚시를 하던 잘생긴 남자가 강산이와 산하를 바라보았어요. 강산이가 산하의 옆구리를 찌르며 물었어요.

"저기 저 사람이 아까부터 우리를 보는 것 같지 않아?"

산하가 고개를 절레절레 저었어요.

　강산이를 보던 남자는 낚싯대를 자리에 두고 강산이와 산하가 있는 곳으로 다가왔어요. 가까이에서 본 남자는 강산이나 산하보다 나이가 조금 더 많아 보였어요.

　남자는 밝게 웃으며 말했어요.

　"혹시 너희 한해양 할아버지를 찾지 않았어?"

　강산이와 산하는 고개를 끄덕였어요. 남자는 강산이와 산하를 보며 환하게 웃었어요.

"내가 한해양이다. 땅 할아버지의 편지 친구라고 해서 나이가 아주 많은 줄 알았구나? 내가 워낙 공부를 못해서 땅 할아버지께서 내가 지리 학교를 무사히 졸업하게 도와주셨어."

산하는 깜짝 놀라서 해양이 얼굴을 바라봤어요.

"그럼, 오빠도 강산이처럼 지리를 못했어요?"

해양이가 고개를 끄덕였어요.

"나는 한 학기 내내 빵점을 맞았거든. 설마 강산이가 나보다 공부를 못하지는 않겠지? 수줍어하지 말고 궁금한 것이 있으면 무엇이든 물어봐."

강산이는 해양이 말에 용기를 얻었어요.

"형, 바다는 얼마나 넓어요?"

해양이가 빙긋 웃었어요.

"우리가 살고 있는 지구의 70퍼센트가 물로 덮여 있으니까. 바다만 따지면 땅의 두 배쯤 될 거야."

강산이는 깜짝 놀라 입을 다물지 못했어요.

08 국경과 수도
우리나라와 가까운 나라는 어디일까?

해양이를 만난 강산이와 산하는 마침내 바다 건너 중국까지 가게 되었어요.
배를 타고 상하이로 건너간 다음 열차를 타고 베이징에 가서 세계만 선생님을 만나기로 했어요.

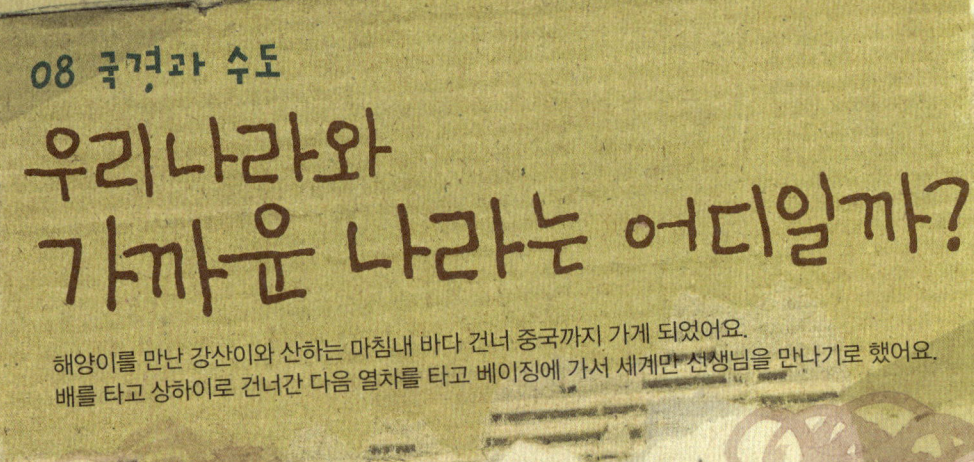

해양이는 강산이의 온갖 질문에 막힘없이 대답했어요. 산하는 해양이의 지리 실력에 감탄했어요.

"오빠, 정말 대단해요. 절대로 지리 학교에서 쫓겨날 뻔한 사람 같지 않아요."

해양이는 빙그레 웃었어요.

"산하야, 고맙다. 그런데 땅 할아버지께서 쪽지에 내 이름이 적혀 있다던데 정말이야?"

강산이는 말없이 쪽지를 내밀었어요.

"이 쪽지에 내 이름이 있다니, 가슴이 두근거리네."

산하가 큰 소리로 외쳤어요.

"오빠는 진짜 훌륭한 지리학자예요. 강산아, 그렇지?"

"물론이지. 형 덕분에 바다에 얽힌 문제는 하나도 안 틀릴 자신이 생겼어요."

해양이는 뿌듯한 얼굴로 강산이와 산하를 바라보았어요.

"빈말이라도 정말 고맙다."

해양이는 쪽지에 자기 이름을 아주 크게 적었어요. 그리고 강산이와 산하 머리를 부드럽게 쓰다듬었어요.

"강산아, 조금만 더 힘내. 산하도 힘내고. 남들 다 노는 방학에 힘든 여행을 하느라 고생이 많지?"

산하는 수줍어서 고개를 숙였어요.

"1분 차이밖에 안 나도 동생은 동생인걸요. 혼자서 다니게 할 수는 없잖아요."

해양이는 강산이와 산하한테 상냥한 목소리로 말했어요.

"점점 바람이 부니까, 오늘은 우리 집에서 자고 내일 아침 일찍 세계만 선생님이 계시는 중국까지 데려다 줄게."

"중국이요?"

해양이는 쪽지를 들고 다시 한 번 살펴보고 말했어요.

"세계만 선생님은 중국에 계셔. 너희는 몰랐던 모양이네."

해양이는 강산이와 산하를 집으로 데려갔어요. 집 안이 온통 바다 사진과 지도로 가득 차 있었어요. 해양이가 빈 의자를 가리키며 말했어요.

"앉아서 기다려. 먹을 걸 갖다 줄게."

강산이와 산하는 둘레를 둘러보며 조심스럽게 의자에 앉았어요. 해양이는 곧 빵과 우유, 사진 한 장을 들고 돌아왔어요. 해양이가 보여 준 사진은 얼굴이 빨갛고 네모난 남자가 칠판에 무언가 쓰고 있는 모습이었어요. 해양이가 활짝 웃으며 말했어요.

"이분이 세계만 선생님이야. 중국에 있는 회사 직원들한테 일에 얽힌 지도 보는 법을 가르치고 계시지."

강산이가 사진을 가리키며 물었어요.

"우아, 대단하다. 그럼 중국어를 아주 잘하시겠네요?"

해양이는 자랑스러운 목소리로 말했어요.

"중국어뿐 아니라 영어, 일본어, 러시아어까지 할 줄 아셔."

강산이가 중얼거렸어요.

"중국에는 왜 가셨죠?"

"사실은 일본으로 가셨으면 했는데, 바다가 무서워 중국으로 가시게 됐어."

산하가 해양이한테 물었어요.

"바다가 없는 나라도 많잖아요? 스위스나 오스트리아처럼요."

강산이는 고개를 갸웃거리며 해양이와 산하를 바라봤어요. 해양이는 세계 지도를 가져와 바닥에 펼쳤어요.

"산하는 참 똑똑하구나. 바다가 없는 나라도 많지. 하지만 세계만 선생님은 우리나라랑 가까운 나라로 가고 싶어 하셨거든."

강산이는 지도를 살펴보며 중얼거렸어요.

우리나라와 가까운 나라들

러시아

세계에서 땅이 가장 넓은 나라야. 러시아에서 가장 큰 땅인 시베리아는 엄청나게 추워. 일 년 내내 겨울이라 사람이 살기 힘들어. 대신 지하자원이 많이 묻혀 있단다.

중국

중국은 한반도 위쪽에 붙어 있는 나라로 세계에서 인구가 가장 많아. 땅이 넓고 날씨가 다양해서 농사가 아주 잘돼. 지하자원도 많은데, 석탄은 세계에서 두 번째로 많아.

일본

우리나라 남해안에서 바다를 건너면 바로 일본이 나와. 일본은 여러 섬으로 모인 섬나라로, 경제가 발달했어. 지진이 자주 일어나고, 지금도 연기 나는 화산이 팔십 개가 넘어.

"우리나라와 가까운 나라들이 정말 많네요. 미국도 엄청 멀다고 생각했는데 바다만 건너면 되다니……."

산하가 말없이 지도 위에 있는 태평양이라는 글자를 가리켰어요. 강산이는 피식 웃었어요.

"나도 알아. 태평양은 다른 바다보다 엄청나게 넓잖아."

해양이는 강산이와 산하한테 말했어요.

"너희끼리 다른 나라 가 보는 건 처음이지?"

강산이와 산하는 고개를 끄덕였어요. 해양이는 상냥한 목소리로 물었어요.

"그럼, 여권은 있어?"

산하가 가방에서 여권 두 개를 꺼냈어요.

"아빠 따라 미국 갈 때 만들었어요."

강산이가 고개를 갸우뚱하며 말했어요.

"형, 여권이 왜 필요해요?"

해양이는 어떻게 설명해야 좋을지 몰라 곰곰이 생각했어요.

미국
우리와 태평양을 사이에 두고 마주 보는 곳에 있어. 미국은 경제가 발달해 돈이 많은 나라, 강한 군대를 가지고 있는 나라로 유명해. 나라를 세운 지 200여 년 밖에 안 되지만 농업과 공업이 골고루 발달했단다.

여권은 여권 주인이 어떤 사람인지 알려 주는 내용이 적혀 있어. 다른 나라에 가려면 여권이 있어야 해. 다른 나라 국경을 넘으려면 그 나라의 허락이 있어야 하거든.

국경은 나라와 나라 사이의 영토를 가르는 기준이야. 보통 산맥, 강, 호수, 땅의 생김새나 면적, 지구상의 위치 따위를 기준으로 정하지. 때로는 나라끼리 약속을 해서 국경을 만들기도 해. 아프리카에 있는 나라들의 국경은 다른 땅에 견주어 반듯하게 나뉘어 있어. 이는 유럽 여러 나라가 과거에 아프리카를 다스릴 때 국경을 자기들 약속에 따라 멋대로 정해서 그래.

아프리카 여러 나라의 국경

해양이는 신이 나서 여행 계획을 세웠어요.

"서해에서 배를 타고 상하이에 다다르면 바로 열차를 타고 베이징까지 가면 돼. 시간이 많이 걸리지만 그렇게 힘들지는 않아."

산하가 해양이한테 물었어요.

"비행기 타고 가면 금방 가지 않을까요?"

해양이는 얼굴이 하얗게 질렸어요. 옆에 있던 강산이가 깜짝 놀라 해양이의 팔을 잡아 흔들었어요.

"형, 왜 그래요?"

해양이는 땅바닥만 바라보다가 더듬거리며 입을 열었어요.

"사……, 사실, 나……, 나 높은 곳에 올라가기만 하면 기절해."

강산이와 산하가 깜짝 놀란 얼굴로 바라봤어요. 해양이는 풀이 죽어서 중얼거렸어요.

"세……, 세계에는 이백 개도 넘는 나라가 있는데, 나 같은 사람이 어디 하나뿐이겠어?"

강산이가 해양이를 위로했어요.

"그럼요, 산하 누나도 보기에는 멀쩡해도 방향 감각이 얼마나 엉망인 줄 알아요?"

강산이는 한쪽 눈을 찡긋했어요. 산하는 부글부글 치밀어 오르는 걸 겨우 참았어요. 덕분에 해양이는 금방 기분이 나아졌어요.

"어서 자고 내일 일찍 상하이로 떠나자."

다음 날 아침, 뜻하지 않은 일이 생겼어요. 여행 준비를 마치고 밖으로 나오려는데 전화가 울렸어요. 해양이는 전화를 받고 나서 강산이와 산하한테 미안하다고 사과했어요.

"어쩌면 좋아? 내일 중요한 모임이 있어서 상하이까지밖에 못 데려다 줄 것 같아. 미안해."

강산이와 산하가 씩씩하게 말했어요.

"괜찮아요. 저희끼리 갈 수 있어요."

"하기야 베이징은 중국 수도니까 어떤 열차를 타도 베이징으로 갈 거야."

강산이가 산하의 귀에 대고 작은 목소리로 속삭였어요.

"수도가 뭐야?"

수도는 한 나라의 중심이 되는 도시를 부르는 말이야. 그 나라에서 사람이 가장 많이 살고 경제와 문화가 가장 발달한 도시가 수도인 경우가 많아. 수도 가운데에는 우리나라의 서울이나 영국의 런던, 프랑스의 파리처럼 오랜 세월 동안 한 국가의 정치, 경제의 중심이었던 도시도 있고, 미국의 워싱턴, 브라질의 브라질리아처럼 수도로 삼으려고 만든 도시도 있지.

그리고 네덜란드처럼 두 도시 이상에 수도가 나뉘어 있는 나라도 있단다. 암스테르담이 정식 수도지만, 정치의 진짜 수도는 헤이그야.

해양이는 상하이에 다다르자마자 주머니에서 지도를 꺼냈어요.

"중국 지도야. 베이징만 그려진 지도는 아니지만 그래도 혹시 쓸 데가 있을지 모르니까 가져가. 이건 세계만 선생님이 일하는 회사 주소야."

강산이와 산하는 해양이한테 고개 숙여 인사했어요.

"정말 고마워요."

해양이는 강산이와 산하 등을 두드렸어요.

"그렇게 인사하니까 내가 무척 나이 든 사람 같잖아? 조심해서 다녀오고 무슨 일 있으면 전화해. 지도 뒤에 전화번호 적어 놓았어."

강산이는 지도 뒷면에 적힌 전화번호를 봤어요.

"무슨 일 있으면 꼭 전화할게요."

해양이는 빙긋 웃으며 말했어요.

"아무 일 없어도 전화해도 돼. 배 떠난다. 다음에 보자."

강산이와 산하는 떠나는 해양이한테 손을 흔들었어요.

09 위도와 경도
지는 해를 따라가면 영원히 오늘이 이어질까?

강산이와 산하는 세계만 선생님의 사무실에 다다랐어요. 사무실에는 세계 지도가 여러 개 걸려 있었어요. 지도를 보던 산하가 강산이한테 물었어요. "일 년에 생일 축하를 두 번 받으려면 어떻게 하면 될까?"

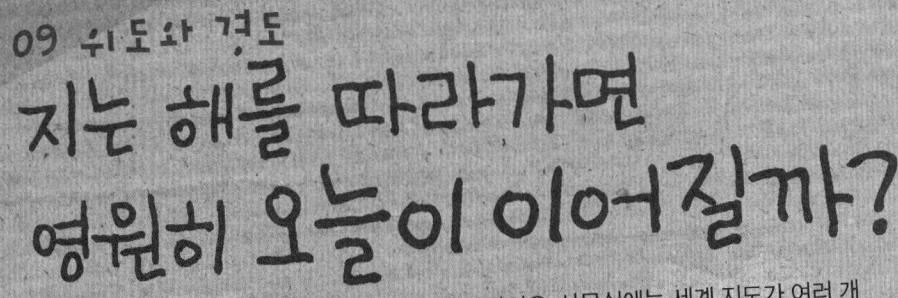

강산이와 산하는 해양이가 준 중국 지도를 펼쳐 놓고 열심히 들여다보았어요. 그때 낯선 아주머니가 강산이와 산하한테 다가와 물었어요.

"너희가 혹시 한국에서 온 강산이와 산하야?"

강산이와 산하는 고개를 끄덕였어요. 아주머니는 강산이와 산하한테 고 박사가 보낸 팩스를 보여 주며 말했어요.

"난 너희 아빠 후배야. 너희를 세계만 선생께 데려다 달라는 부탁을 받았어. 혹시 비행기 무서워하는 사람 있어?"

강산이와 산하가 고개를 저었어요.

아주머니는 강산이와 산하를 데리고 곧바로 공항으로 갔어요. 그리고 베이징행 비행기를 타고 숨 돌릴 틈도 없이 떠났어요.

아주머니는 베이징에 다다르자마자 오른손엔 강산이를, 왼손엔 산하를 잡고 엄청 빠르게 걸었어요.

"애들아, 미안하다. 오늘 오후에 중요한 약속이 있어서 마음이 급하구나."

강산이와 산하는 어리둥절한 채 아주머니한테 이끌려 갔어요. 아주머니는 공항에 세워 둔 차에 강산이와 산하를 밀어 넣고 무섭게 차를 몰았어요. 자전거를 타고 가던 사람들은 아주머니가 모는 차를 보고 비명을 질렀어요.

아주머니는 고층 건물에 다다르자 강산이와 산하한테 말했어요.

"애들아, 내려라. 건물 안으로 들어가면 세계만 선생의 비서가 너희를 맞으러 나와 있을 거야."

강산이와 산하는 차에서 내렸어요. 강산이가 차문을 닫기 무섭게 아주머니는 차를 몰고 가 버렸어요. 강산이와 산하는 떠나는 차 꽁무니에 대고 고맙다는 인사를 했어요.

고층 건물 안으로 들어서자 까만 옷을 입은 여자가 강산이와 산하한테 다가왔어요.

"혹시 세계만 선생님을 찾아오셨나요?"

강산이와 산하는 고개를 끄덕였어요. 여자는 밝게 웃으며 상냥한 목소리로 말했어요.

"전 세계만 선생님의 비서인 링링이에요. 세계만 선생님은 아침까지 기다리시다 잠깐 자리를 비우셨어요. 저보고 없는 동안 손님이 오면 사무실로 안내하라고 하셨거든요. 저를 따라오세요."

링링은 강산이와 산하를 세계만 선생님 사무실로 안내해 주었어요. 사무실 안에는 커다란 책상이 놓여 있고, 책상 옆에는 아주 커다란 지구본과 엄청나게 큰 책장이 있었어요.

"여기 앉아서 기다리면 금방 오실 거예요."

비서가 문을 닫고 나가자 강산이와 산하는 그제야 의자에 앉았어요. 사무실 벽에는 세계 지도가 여러 장 걸려 있었어요. 산하가 책상 위를 보며 감탄했어요.

"진짜 깨끗하다. 모든 물건이 가지런해."

강산이가 벽에 붙어 있는 지도를 보며 말했어요.

"세계만 선생님은 정말 꼼꼼한 분이신가 봐. 벽에 붙어 있는 지도들도 자세히 보려고 줄을 그어 놨어."

산하가 깜짝 놀라서 강산이 얼굴을 바라봤어요.

"강산아, 너 세계 지도 처음 봐? 해양이 오빠 집에서도 봤잖아. 갑자기 왜 그래?"

산하는 큰 소리로 한숨을 쉬었어요.

위선과 경선

세계 지도에는 바둑판 모양으로 줄이 그어져 있어. 이 줄은 위선과 경선으로, 지구 위에 있는 모든 곳의 위치를 알려 준단다. 내 자리를 창가에서 몇 분단, 몇 번째 줄이라고 이야기할 수 있는 것처럼 모든 곳의 위치를 위도 몇 도, 경도 몇 도로 말할 수 있어. 만일 위선과 경선이 없으면 다른 사람한테 내가 아는 나라의 위치를 알려 주기가 꽤나 힘들 거야.

강산이가 밝게 웃으며 말했어요.

"틀림없이 수업 시간에 배웠는데 이상하게 오락가락하네?"

산하는 손으로 이마를 짚었어요.

'아이고 머리야. 세계만 선생님이 강산이한테 아무것도 안 물어보면 참 좋겠다.'

강산이는 산하의 속마음을 아는지 모르는지 밝게 웃었어요. 산하는 강산이 얼굴을 몰래 째려봤어요. 강산이는 세계 지도를 바라보며 영어로 적혀 있는 대륙과 대양 이름을 우리말로 모두 바꿔서 말했어요.

"아시아, 유럽, 아프리카, 오세아니아, 남아메리카, 북아메리카, 그리고 태평양, 대서양, 인도양, 남극해, 북극해. 어때, 하나도 안 틀렸지?"

산하는 강산이의 얼굴을 물끄러미 바라보았어요.

"그래도 다행이야. 이번 여행에서 배운 것은 하나도 빠짐없이 잘 알고 있네."

강산이가 쑥스러운 듯 손을 저었어요.

"평소에 공부를 너무 안 해서 모르는 게 많은 거야."

산하가 책상 옆에 놓인 커다란 지구본을 손가락으로 가리키며 말했어요.

"위도랑 경도가 자꾸 오락가락한다고 했지? 내가 가르쳐 줄 테니까 절대로 잊지 마."

지구를 가로지르는 선이 **위선**이야.
위선의 가장 볼록한 부분이 **적도**인데,
이곳의 위도가 0도야. 지구 꼭대기인
북극과 남극의 위도는 90도지. 적도에서
북극까지를 **북위**, 적도에서 남극까지를 **남위**라고 해.
그리고 지구의 북극과 남극을 지나도록 세로로 자른 선이
경선이야. 경선은 영국의 그리니치 천문대를 지나는 선을 0도로 잡고
지구 둘레를 동서로 나눠. 그 동쪽을 **동경**, 서쪽을 **서경**으로 나타내지.

산하가 강산이한테 물었어요.

"강산아, 어떻게 하면 같은 해에 생일을 두 번 맞을 수 있는지 알아?"

강산이는 고개를 저었어요. 산하는 빙그레 웃으며 지구본을 돌려 경도 180도가 되는 선을 가리켰어요.

경선은 영국의 그리니치 천문대를 지나는 선을 0도로 잡고 지구 둘레를 동서로 나눈다고 했지? 위도에 따라 햇빛 비치는 양이 달라지고, 경도에 따라 시간이 달라지는데, 0도에서 동쪽으로 15도씩 멀어질 때마다 시간이 1시간씩 빨라지고, 0도에서 서쪽으로 15도씩 멀어질 때마다 1시간씩 느려진단다.

"이 선을 서에서 동으로 넘으면 날짜가 하루 늦어지고, 동에서 서로 넘으면 날짜가 하루 빨라지지. 생일에 비행기를 타고 이 선을 넘으면 일 년에 생일 축하를 두 번 받을 수 있어."

강산이와 산하가 웃고 있는데 갑자기 사무실 문이 열렸어요. 강산이와 산하는 깜짝 놀라 문 쪽을 바라봤어요.

사진으로만 보았던 세계만 선생님이 지도를 잔뜩 안고 들어왔어요. 세계만 선생님은 안고 있던 지도를 책상 위에 던졌어요. 강산이와 산하를 귀찮다는 얼굴로 바라보며 물었어요.

"너희가 고 박사네 쌍둥이냐?"

강산이와 산하는 선생님 얼굴을 보자 마음이 상해 버렸어요. 해양이가 보여 준 사진을 보며 은근히 기대하고 있던 강산이는 엄청나게 실망해 아주 퉁명스럽게 대꾸했어요.

"그럼 누구로 보이세요?"

세계만 선생님은 아무렇지도 않게 의자에 털썩 주저앉으며 강산이 얼굴을 바라봤어요.

"솔직히 쌍둥이처럼 안 보여서 말이지."

산하가 강산이보다 몇 배는 더 퉁명스럽게 말했어요.

"쌍둥이라고 꼭 똑같이 생기라는 법은 없지요."

세계만 선생님은 들고 온 지도를 책상 위에 하나씩 펼치며 말했어요.

"그렇게 말하는 것을 보니 확실히 쌍둥이가 맞군. 중국까지 오느라 고생 많았다. 물론 공부를 못해서 여기까지 보충 수업 받으러 온 거지만 말이야."

　강산이 얼굴이 어두워졌어요. 산하는 잔뜩 화가 나서 세계만 선생님 얼굴을 째려보았어요. 세계만 선생님은 책상 위에 있는 인터폰을 눌렀어요.

"링링, 차 세 잔 부탁해요."

　비서가 뜨거운 녹차를 들고 들어왔어요. 세계만 선생님은 지도를 곱게 접어서 책꽂이에 반듯하게 꽂고, 책상 위에 놓인 쟁반을 반듯하게 바로잡았어요. 강산이는 재빨리 말했어요.

"선생님은 성격이 정말 꼼꼼하시네요. 사무실에 있는 모든 물건이 반듯하게 놓여 있어요. 처음에 벽에 걸린 지도를 보고 선생님께서 바둑판 모양으로 줄을 그어 놓으신 줄 알았어요."

세계만 선생님은 사무실이 떠나가게 호탕하게 웃었어요.

"하하하, 기분 같아서는 쪽지에 당장이라도 서명을 해 주고 싶지만, 왕빛나 지리 학교의 명예를 생각하면 그럴 수 없지."

강산이와 산하는 깜짝 놀라서 세계만 선생님을 뚫어져라 바라봤어요. 세계만 선생님은 강산이의 얼굴을 바라보며 중얼거렸어요.

"음, 어떻게 해야 공부가 될까?"

강산이와 산하는 두근거리는 가슴과 걱정스러운 얼굴을 감추려고 애썼어요. 세계만 선생님은 빙그레 웃었어요.

"좋다, 너희가 내 일을 도와준다면 기꺼이 서명을 해 주지."

강산이는 세계만 선생님한테 새끼손가락을 내밀었어요.

"약속하시는 거예요?"

세계만 선생님은 고개를 끄덕였어요. 강산이가 팔을 걷어붙이고 물었어요.

"무엇부터 하면 될까요?"

세계만 선생님은 빙그레 웃으며 말했어요.

"오늘은 우리 집에서 자고 내일부터 열심히 하자."

10 세계 여러 나라
세계만 선생님의 세계 지도

세계만 선생님은 강산이와 산하를 데리고 아시아는 물론 유럽, 아프리카, 아메리카, 오세아니아까지 빠짐없이 다녔어요. 그리고 강산이와 산하한테 보고 느낀 것을 하얀 지도에 적게 했어요.

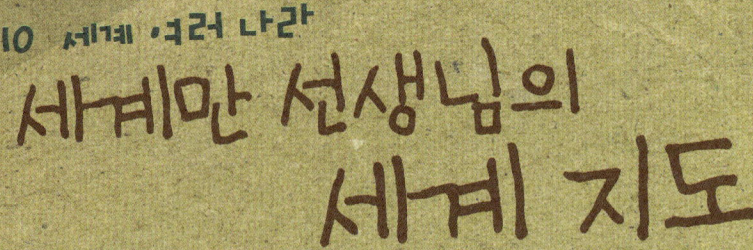

매리 크리스마스

더 세계

세계만 선생님은 아침 일찍 강산이와 산하를 데리고 사무실에 나왔어요. 어제는 못 본 엄청나게 커다란 상자가 세계만 선생님의 책상 위에 놓여 있었어요.

세계만 선생님이 강산이한테 물었어요.

"강산아, 여기 있는 지도를 기후에 따라 정리할 수 있겠어?"

강산이는 고개를 갸웃거렸어요.

"날씨는 알겠는데 기후는 잘 모르겠어요."

기후는 어떤 장소에서 30년쯤 살펴본 기상을 말해. 기상은 바람, 비, 구름, 눈, 무지개 따위의 공기 중에서 일어나는 일을 알려 주지. 기후는 위도와 땅의 생김새, 바다의 거리에 따라 달라져. 비슷한 기후를 보이는 지역을 모아 놓은 것을 **기후대**라고 하는데, 기후대에 따라 자라는 식물과 살아가는 사람들 생김새가 다르지.

세계만 선생님은 빙긋이 웃으며 물었어요.

"산하야, 그럼 크리스마스 때 날씨가 더운 나라는 어디일까?"

산하는 머릿속으로 곰곰이 생각했어요.

"적도 아래쪽에 있는 나라 아니에요?"

세계만 선생님은 손뼉을 치며 말했어요.

"맞아. 네 말대로 뉴질랜드나 오스트레일리아 같은 나라는 크리스마스 때 절대로 눈을 볼 수 없어."

강산이는 생각만 해도 머리가 아팠어요. 세계만 선생님은 빙긋이 웃었어요.

"아무래도 학교 가는 날까지 여행을 좀 해야겠구나. 나는 가서 짐을 챙길 테니 너희는 책상 위에 지도들을 상자에 담아 오너라."

세계만 선생님은 지리 공부를 할 수 있는 곳이라면 아시아는 물론 유럽, 아프리카, 아메리카, 심지어 오세아니아까지 빠짐없이 데리고 다녔어요. 그리고 강산이와 산하한테 보고 느낀 것을 하얀 지도에 적게 했어요.

아시아

아시아의 이름은 해돋이를 뜻하는 옛날 아시리아 말 '아수'에서 따왔어요. 인구가 많기로 이름난 인도와 중국이 있어서 세계에서 가장 많은 사람이 살고 있어요.

① **한강** (한국) 옛날 삼국 시대에는 나를 차지하려고 치열한 싸움을 벌인 곳이야.

② **황허 강** (중국 북부) 강물에 흙이 많이 섞여서 물빛이 누렇게 보여 황허란 이름이 붙었단다.

③ **양쯔 강** (중국 남부) 중국에서 가장 긴 강이야. 중국 남부에 있는 수많은 땅이 내 물로 농사를 짓지.

④ **갠지스 강** (인도) 힌두교 사람들은 내 물로 목욕을 하면 모든 죄가 사라진다고 믿어. 또 죽은 뒤 뼛가루를 강물에 실어 보내면 좋은 곳으로 갈 수 있다고 생각하지.

⑤ **인더스 강** (인도) 인도 고대 문명이 나한테서 나왔어. 둘레 땅보다 조금 높아 종종 강물이 넘쳐. 그 바람에 사람들이 물난리를 겪기도 해.

⑥ **유프라테스 강** (이라크) 서남아시아에서 가장 큰 강이야. 내가 흐르는 곳 둘레에는 고대 도시 유적이 많아.

① **히말라야 산맥** 히말라야는 눈의 집이라는 뜻이야. 세계의 지붕이라고 할 수 있을 만큼 높고 아름답지.

유럽

유럽에는 크기는 작지만 오랜 역사와 전통을 자랑하는 나라들이 많아요. 유럽이란 말은 해넘이를 뜻하는 아시리아 말 '에레브'에서 따왔어요.

❶ **스칸디나비아 산맥** 스칸디나비아 반도를 가로지르는 산맥으로 지하자원이 풍부하게 묻혀 있어.

❷ **알프스 산맥** 유럽 중남부에 장벽처럼 우뚝 솟아 있어 유럽의 기후와 문화에 큰 영향을 미치지.

❶ **볼가 강**(러시아) 러시아 서부를 남쪽으로 흐르는 유럽 최고의 강으로, 철갑상어를 비롯한 여러 가지 물고기가 잡힌단다.

❷ **라인 강**(독일) 중부 유럽에서 나보다 큰 강은 없어. 옛날에는 나를 사이에 두고 프랑스와 독일이 종종 싸웠지.

❸ **템스 강**(영국) 런던이 발전한 것은 모두 내 힘이야. 강에 놓여 있는 런던 브리지, 타워 브리지, 워털루교 같은 다리를 보려고 많은 사람들이 찾아온단다.

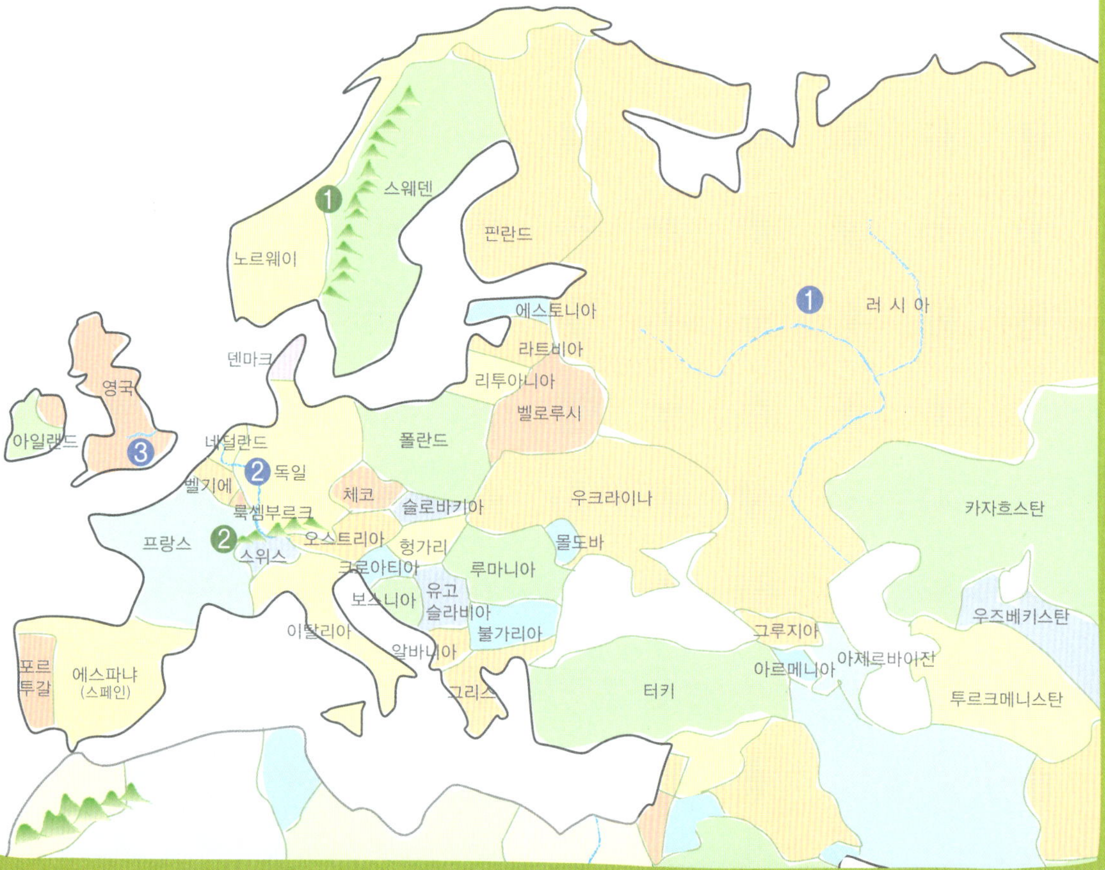

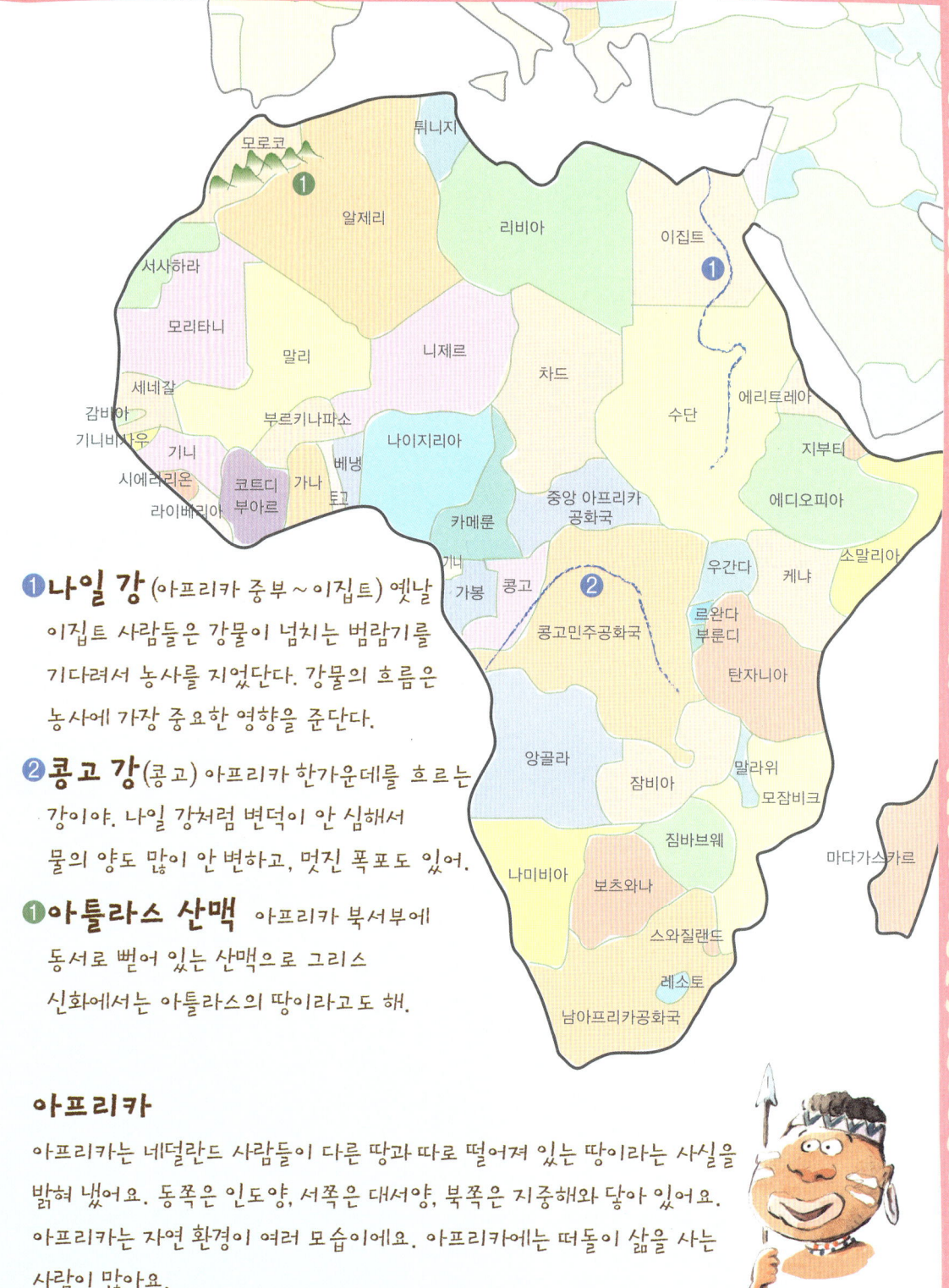

❶ 나일 강 (아프리카 중부~이집트) 옛날 이집트 사람들은 강물이 넘치는 범람기를 기다려서 농사를 지었단다. 강물의 흐름은 농사에 가장 중요한 영향을 준단다.

❷ 콩고 강 (콩고) 아프리카 한가운데를 흐르는 강이야. 나일 강처럼 변덕이 안 심해서 물의 양도 많이 안 변하고, 멋진 폭포도 있어.

❶ 아틀라스 산맥 아프리카 북서부에 동서로 뻗어 있는 산맥으로 그리스 신화에서는 아틀라스의 땅이라고도 해.

아프리카

아프리카는 네덜란드 사람들이 다른 땅과 따로 떨어져 있는 땅이라는 사실을 밝혀 냈어요. 동쪽은 인도양, 서쪽은 대서양, 북쪽은 지중해와 닿아 있어요. 아프리카는 자연 환경이 여러 모습이에요. 아프리카에는 떠돌이 삶을 사는 사람이 많아요.

11 여러 가지 기후대
세상에서 가장 무서운 시험

강산이와 산하는 세계만 선생님의 주문대로 지도를 정리하여 마침내 서명을 받았어요.
모든 여행을 마치고 학교에 간 강산이는 드디어 시험을 치릅니다. 과연 결과는?

개학이 한 주 앞으로 다가왔어요. 그동안 강산이와 산하는 세계만 선생님이 무엇을 물어도 척척 대답할 만큼 지리 실력이 늘었어요. 세계만 선생님은 세계 여러 나라 지도가 들어 있는 상자를 강산이와 산하한테 넘겨줬어요.

"이 상자에 들어 있는 지도를 대륙에 따라, 기후대에 따라 정리해라. 이것만 성공하면 너희는 자유다."

강산이와 산하는 상자를 들고 방으로 돌아왔어요. 아무리 열심히 공부를 했다고 해도 200개가 넘는 지도를 정리하는 일은 쉽지 않았어요.

아침 먹고 시작한 일이 다음 날 아침에도 이어졌지요. 하지만 강산이와 산하는 포기하지 않았어요. 지리 공부를 잘할 수 있다고 생각하면 지루한 줄도 몰랐어요. 세계만 선생님을 따라다니는 사이에 지리 공부라면 생각만 해도 징글징글하던 강산이도 어느새 지리 도사가 되어 갔어요.

세계만 선생님은 틈만 나면 강산이와 산하의 여권을 살펴보았어요. 두 사람의 여권에 단 한 군데도 빈 자리가 없자 세계만 선생님은 그제야 빙긋이 웃었어요.

"드디어 빈틈없이 꽉 찼군. 이제야 지리 공부가 되는 것이 눈에 보이는구나."

강산이와 산하는 열심히 머리를 짜 가며 정리했어요. 덕분에 세계만 선생님이 준 지도를 모두 정리할 수 있었어요.

지도에서 빛깔에 맞는 여러 가지 기후를 찾아보자.

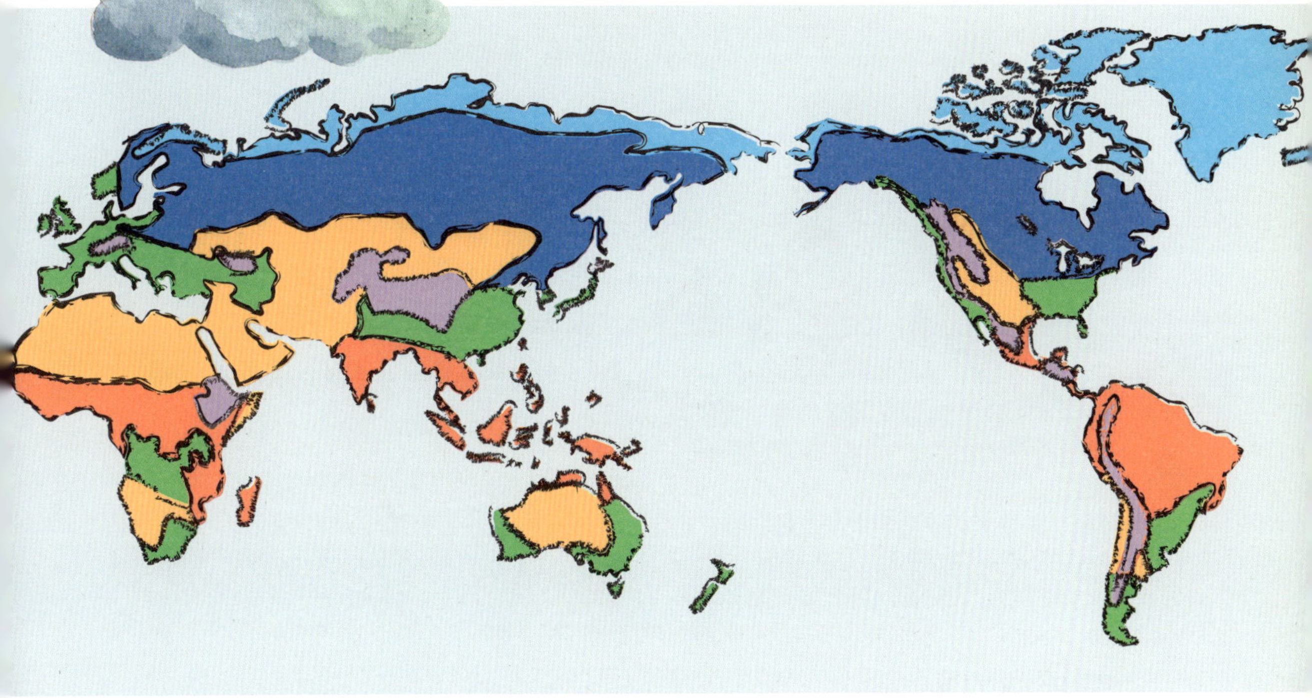

■ 건조 기후

물이 언제나 모자라서 나무가 자랄 수 없어. 여러 사막과 키가 작은 풀들이 가득해서 떠돌아다니며 가축을 기르는 스텝 지역이 건조 기후에 속해. 요즘 스텝 가운데 일부가 점점 사람이 살아가기 힘든 사막으로 변하고 있어서 큰일이야.

세상에서 가장 무서운 시험 113

고산 기후

안데스 산지, 히말라야 산지, 아비시니아 고원처럼 높은 곳에 있는 도시에서 나타나. 날씨는 언제나 봄과 같고 낮과 밤의 온도 차가 많이 나지.

한대 기후

높은 곳에 있어서 온도가 낮아 식물이 자랄 수 없어.

우리가 흔히 에스키모라고 하는 사람들이 사는 북극해 둘레와 그린란드 둘레의 툰드라 기후와 일 년 내내 얼음이 얼어 있는 남극 땅의 빙설 기후가 바로 한대 기후에 속해.

냉대 기후

겨울에는 몹시 춥고 해마다 같은 기간에 한꺼번에 눈이 쏟아져. 여름은 짧지만 제법 더워. 스칸디나비아 반도, 시베리아, 캐나다, 알래스카 같은 지역은 한 해 내내 비가 알맞게 내려 멋진 침엽수림이 만단다. 중국의 북동쪽부터 시베리아 동쪽까지는 겨울이 길고 무척 춥지만 세계에서 가장 많은 봄밀, 조, 옥수수가 나.

🟩 온대 기후

사시사철 날씨가 뚜렷하게 나뉘고, 철에 따라 기온이 크게 바뀌어 같은 온대 기후인 나라라 해도 바람과 바다, 한 해 동안 내리는 비 양에 따라 다른 식물이 자라. 중국, 칠레, 오스트레일리아, 뉴질랜드, 한국 같은 많은 나라들이 온대 기후에 속해.

🟧 열대 기후

한 해 내내 더운 여름이야.
비도 아주 많이 오지.
열대 기후에서는 무엇이든 잘 자라.
야생 동물의 낙원인 사바나,
멋진 밀림과 사탕수수와
차가 자라는 해안이 모두
열대 기후란다.

완벽하게 정리된 지도에 만족한 세계만 선생님은 약속한 대로 서명을 해 줬어요. 강산이와 산하는 쪽지를 안고 그 자리에서 팔짝팔짝 뛰었어요.

마침내 개학을 하고 시험 날이 되자, 강산이는 두 손을 모아 기도했어요. 꼭 감은 두 눈 앞에 방학 동안 배운 온갖 것들이 생생하게 떠올랐어요.

'제발 저를 도와주세요.'

시험 시간이 되고 드디어 시험지를 받았어요. 강산이는 두 눈을 살며시 뜨고 시험 문제를 살펴봤어요.

'어, 이상하다? 왜 이렇게 쉽지?'

문제 : 지구본과 세계 지도의 장점과 단점을 쓰시오.

강산이가 살짝 둘레를 둘러보니 다른 친구들은 모두 끙끙거리며 문제만 가만히 바라보고 있었어요. 물론 산하는 잠시도 안 쉬고 열심히 문제를 풀고 있었지요.

문제를 보는 순간 강산이 머릿속에 세계만 선생님 사무실에서 본 지구본과 지도가 떠올랐어요. 강산이는 콧노래를 부르며 문제를 풀었어요. 세상에 태어나서 시험이 이렇게 쉽게 느껴지는 것은 처음이었어요.

'이런 문제라면 100점도 맞을 수 있을 것 같아.'

강산이는 즐거운 마음으로 다음 문제를 풀었어요. 시험 문제가 이렇게 술술 풀리다니 세상에서 가장 똑똑한 사람이 된 것만 같았어요. 시험 시간이 끝나는 종이 울리자 강산이는 기분이 좋아졌어요. 강산

	장점	단점
세계 지도	1. 지구 전체 모습을 한눈에 살필 수 있어요. 2. 쓰이는 목적에 따라 종류가 여러 가지예요.	1. 지구를 평면으로 나타내 진짜 모습과 차이가 있어요. 2. 북극과 남극 모양이 원래 모양과 달라 보이고 거리 차이도 커요.
지구본	1. 지구의 둥근 모양을 줄여서 진짜 지구 모습을 볼 수 있어요. 2. 거리, 위치나 넓이가 정확해요.	1. 지구 전체 모습을 한눈에 살필 수 없어요. 2. 보관하고 쓰기가 불편해요.

이와 산하는 시험을 마치고 즐거운 마음으로 집으로 돌아갔어요.

왕빛나 여사는 학생들이 집으로 돌아간 뒤 점수를 매기려고 빨간 색연필을 들고 책상 앞에 앉았어요. 왕빛나 여사는 가장 먼저 강산이네 반 시험지부터 채점했어요.

'생각보다 성적이 많이 안 좋겠어. 문제를 너무 어렵게 낸 모양이야.'

왕빛나 여사는 두근거리는 가슴을 누르고 강산이의 시험지를 꺼냈어요.

"어디 한번 기대해 볼까?"

왕빛나 여사의 눈이 엄청나게 커졌어요.

"맙소사, 이게 뭐야? 맞춤법이 다 틀렸잖아? 하지만 공부를 열심히 하기는 했군."

왕빛나 여사는 빙그레 웃으며 말했어요.

"어쩌면 맞춤법도 자기 아버지랑 꼭 닮았는지 정말 신기하네. 다음 번 시험을 치르기 전에 내가 나서서 맞춤법을 가르쳐야겠어."

쉽게 풀어 쓴
지리 용어

강산

흔히 강산이라고 하면 강과 산이라고 생각하기 쉬우나 자연을 아우르는 뜻으로 좀더 정확히 말하면 자연의 경치를 가리켜요.

강수량 24쪽

비, 눈, 우박 따위가 땅에 떨어진 것을 모두 물로 바꿔서 생각한 분량으로, 강수량에 따라 자라는 식물의 종류와 기후가 달라지기도 하지요.

기호 41쪽

어떤 뜻을 나타내려는 문자나 그림을 말해요. 특별한 식이라던가 뜻을 글로 써서 나타내려고 쓰는 그림이지요.

나침반 40, 41쪽

자석으로 된 바늘이 언제나 북쪽을 가리키게 만든 기구예요. 배나 비행기가 가는 방향을 알아보려고 쓰지요. 흔히 나침의, 컴퍼스라고도 해요.

대륙 62, 63, 65, 98, 107~110, 112쪽

대륙은 크고 넓은 땅을 말해요. 바다로 둘러싸인 커다란 땅덩어리예요. 대주라고 하기도 하지요.

대한 해협 27쪽

일본과 우리나라 사이에 있는 좁고 긴 바다로, 길이와 너비는 각각 약 200킬로미터지만 너비는 가장 좁은 곳이 50킬로미터 정도예요. 수심은 대체로 얕으며 가운데 일본 영토인 쓰시마 섬이 있어요.

밀림 63, 115쪽

큰 나무들이 빽빽하게 들어선 수풀을 말하지만, 보통 열대의 숲과 같은 뜻으로 쓰여요. 정글과 같은 뜻으로도 쓰이는데, 정글은 농사를 안 짓는 초원이나 숲을 뜻하는 말로 '덤불'과 비슷한 말입니다.

빙설 기후 114쪽

한 해 내내 얼음이나 눈으로 덮여 있는 곳의 기후를 말해요. 날씨가 가장 따뜻한 날도 얼음이 어는 0℃ 이하지요. 사람이 안 사는 남극 같은 곳에서 나타나고 땅이 언제나 얼음으로 덮여 있지요.

사막 113쪽

비가 적게 와서 식물이 거의 안 자라며 자갈과 모래로 뒤덮인 매우 넓은 땅을 말해요. 사막은 하늘에서 오는 비의 양보다 하늘로 올라가는 물의 양이 더 많아서 식물이 자랄 수 없어요. 풀과 키 작은 나무가 자라기는 하지만 아주 드물지요. 사막은 지구에 있는 모든 땅의 10%나 차지해요. 너무 추워서 식물이 자라지 못해 사막이 되는 곳도 있고, 너무 더워서 물이 금방 하늘로 날아가 사막이 되는 곳도 있어요. 사막은 여러 기후대에 있어요.

사바나 115쪽

키 큰 풀이 빽빽이 자라고 있고 키 작은 나무가 드문드문 있어요. 열대 우림과 사막 중간에 있는 열대 초원으로 비가 적게 오지요. 원래는 아프리카 수단 지방에 있는 열대 초원을 뜻하는 말이지만, 이와 비슷한 식물이 자라는 곳을 말하기도 해요. 사바나는 비가 전혀 안 오는 건기와 비가 줄기차게 쏟아지는 우기가 뚜렷하게 나누어져요. 하지만 비의 양이 불규칙해서 어떤 해는 짧은 시간에 엄청나게 많은 비가 오기도 하고 몇 해 동안은 비가 안 오기도 해요. 주로 아프리카와 브라질 북동쪽에 사바나가 있어요.

산나리

백합의 사촌쯤 되는 꽃으로 산에서 자라지요. 줄기 높이는 1~1.5미터이고, 잎은 버들잎 모양이에요. 6~7월에 구릿빛 반점이 있는 하얀 꽃이 피는데 무척 아름다워요.

산맥 51~53, 90, 107~110쪽

산줄기라고 생각하면 돼요. 많은 산이 길게 이어져 마치 줄기 모양으로 늘어선 곳을 말해요.

산하

뫼 산(山), 강 하(河)는 산과 강이라고 생각할 수 있어요. 단순히 산과 강이 아니라 산과 강이 아우르고 있는 자연을 뜻하는 말이에요. 산하는 때에 따라서는 자연의 경치를 뜻하기도 해요.

세계 26, 51, 52, 61, 62, 72, 76, 77, 88, 91, 107, 109쪽

지구 위에 있는 모든 나라와 모든 지역을 말해요. 세계는 사람들이 살아가는 지구의 겉껍질을 말하지요. 지구의 넓이는 약 5억 1,064만제곱킬로미터이며, 그 가운데 사람들이 사는 땅은 약 29퍼센트밖에 안 돼요.

스텝 113쪽

짧은 풀로 뒤덮인 넓은 들판을 뜻하는 말이에요. 보통 온대 기후에 있는 들판이지만, 건조 기후에서도 볼 수 있어요. 스텝은 여름과 겨울의 온도차가 25~30도쯤 되며 비가 거의 안 와 나무가 못 자라요. 남북 아메리카나 오스트레일리아의 스텝에서는 소, 양 들을 한꺼번에 많이 길러 팔지만, 아프리카나 아시아의 스텝은 아직도 물과 풀을 찾아 떠도는 사람들이 많아요. 이런 사람들을 유목민이라고 해요.

아비시니아 고원 114쪽

아프리카 동쪽에 있는 고원으로, 아프리카 땅에서 높고 험한 산들이 가장 많이 모여 있는 곳이에요. 높은 산봉우리도 있고 너비는 좁으나 수백 미터가 내려가는 깊은 계곡도 있어요. 높은 지대에서는 겨울에 눈이 내리기도 해요.

알타이 산맥 52쪽

중앙 아시아에서 북동 아시아에 걸쳐 있어요. 알타이는 '금으로 만든'이란 뜻의 몽골어 '알탄'에서 비롯된 말이에요. 러시아, 카자흐스탄, 몽골, 중국 오지에 걸쳐 있어요.

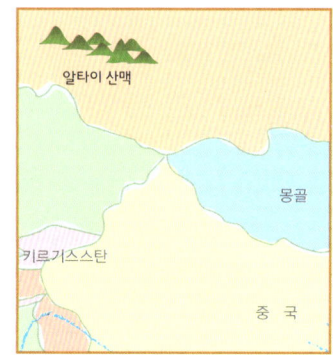

우랄 산맥 52, 53쪽

러시아 북쪽에 있는 산맥으로 북에서 남으로 뻗어 있어요. 북쪽은 높지만 남쪽으로 갈수록 낮고 넓적해져요. 우랄 산맥에는 철, 구리, 크롬, 니켈, 백금 따위의 풍부한 지하자원이 묻혀 있어서 광산 우랄이라는 별명이 있어요.

우주 15쪽

우주는 원래 온 세계를 둘러싸고 있는 공간을 말해요. 보통 하늘과 별, 지구가 있는 모든 공간을 안고 있는 곳을 말하지요. 우주를 그리스 말로 코스모스라고 하는데, 이는 질서를 뜻해요.

이수 해안 81쪽

땅이 솟아오르거나 옛날에 바다였던 곳이 드러나면서 만들어진 해안을 말해요. 단조롭고 안 구불구불한 것이 특징이지요. 이수 해안은 멀리까지 물이 얕아, 파도로 운반된 모래가 앞바다 쪽에 쌓여 호수가 생기는 곳이 많아요.

일기도 24쪽

어떤 지역의 날씨나 기온을 숫자나 기호 따위로 나타낸 그림을 말해요. 주로 날씨를 예상하거나 분석하는 데 쓰이지요. 보통 같은 숫자를 이어서 긋는 선을 지도 위에 표시한 것이에요. 각 지점에서 관측된 날씨, 풍속 따위가 정해진 기호로 나타나 있어요.

지구본 96, 98, 99, 116, 117쪽

지구를 본떠 만든 작은 모형이에요. 지구의 겉껍질 모양을 공 모양 위에 붙여서 만든 것으로 우리가 살고 있는 지구 모양과 똑같아요. 땅과 바다, 땅의 생김새, 각 나라의 이름이 적혀 있지요. 지구본은 다른 말로 지구의라고 해요.

지리 15쪽

어떤 곳의 땅 생김새나 길이 있는 곳 따위의 모양새를 뜻해요. 지구 겉껍질 위에 있는 땅과 물, 날씨, 동식물, 사람 수, 도시 들의 모습을 뜻하기도 하지요. 지구 겉껍질에서 일어나는 여러 가지 일과 인간과 자연이 주고받는 영향을 연구하는 지리학의 줄임말이에요.

지중해 110쪽

지중해는 대서양 안에 있는 작은 바다예요. 유럽 지중해는 아프리카, 아시아, 유럽 대륙에 둘러싸여 있어요. 서쪽은 대서양과 이어지고, 동쪽은 인도양과 이어지며 북쪽은 흑해와 이어져요. 지중해는 옛날부터 유럽 문화의 중심 무대가 될 만큼 중요해요. 지금도 엄청나게 많은 배들이 지나가는 중요한 바다예요.

지형도 24쪽

땅의 생김새, 강줄기의 모습, 땅의 이용 상태, 도로의 위치 따위를 자세하고 정확하게 그린 지도를 말해요.

축척 39쪽

본래 크기보다 일정한 정도로 작게 줄여서 나타낸 것을 말해요. 지도의 축척은 넓이를 줄인 것뿐 아니라 길이까지 줄이는 것을 말해요. 1/50,000 지도는 50,000의 길이를 1로 그린 것이지요. 축척에 따라 지도의 자세한 정도가 달라져요. 숫자 1 옆에 있는 숫자가 작으면 작을수록 자세한 지도예요. 축척을 표시하는 방법은 비례법(1 : 50,000), 분수법(1/50,000), 줄인자 따위가 있어요.

침수 해안 81쪽

땅이 바다보다 낮아지는 바람에 생긴 해안을 말해요. 원래 골짜기와 산등성이였던 곳에 바닷물이 들어와서 만든 해안으로 복잡하지요. 깊이 후미져 바람과 파도가 약해서 배들이 쉬는 항구로 좋아요.

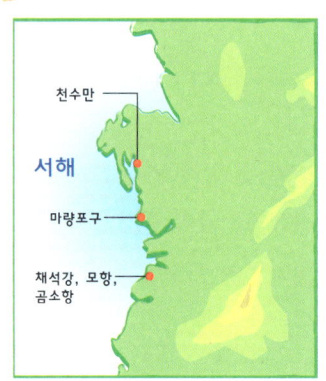

툰드라 기후 114쪽

여름이 서늘하고 추우며 비나 진눈깨비가 내려요. 겨울에는 때때로 눈보라가 치기도 하지만 쌓이는 눈의 양이 적어요. 여름에는 얼었던 땅이 녹아 이끼 종류가 자라요. 유럽과 아시아, 아메리카의 일부, 그린란드의 북극해 둘레와 남극 일부분이 툰드라 기후에 속해요.

해리 27쪽

바닷길의 거리를 나타내는 단위로, 배나 비행기 따위에서 많이 쓰지요. 세계에서 옛날부터 써 온 단위예요. 1해리는 1,852미터와 같아요.

해안선 80쪽

바다와 땅이 맞닿은 곳을 해안이라고 하지요. 해안선은 그 맞닿은 면을 길게 이은 선을 말해요. 바다는 아침 저녁, 날씨, 파도 따위에 따라 땅과 닿는 곳이 변하지요. 그래서 해안선은 항상 조금씩 바뀌고 있어요. 배를 모는 사람들은 배의 밑바닥이 땅에 안 닿으려고 바다가 땅과 가장 멀리 떨어져 있을 때를 기준으로 잡은 해안선으로 다녀요.

해양

넓은 바다를 부르는 말로 지구 겉껍질의 4분의 3을 덮고 있지요. 해양의 '해'는 깊고 어두운 바다 빛깔을, '양'은 바닷물이 넓고 길게 이어져 있는 모양을 나타내요. 해양은 우리가 살고 있는 땅보다 넓어서 아직 개발되지 않은 곳이 엄청나게 많은 보물 창고예요.

해초 73, 78쪽

해초는 바다에서 자라는 풀을 뜻하는 말이에요. 김, 다시마, 미역 따위가 모두 해초예요. 가끔 미끌미끌한 해초의 감촉이 안 좋다고 안 먹는 사람들이 있어요. 하지만 해초에는 건강에 좋은 여러 가지 양분이 들어 있어요.

호수 90쪽

땅 한가운데 있는 물웅덩이예요. 호수는 넓고 깊게 팬 땅에 항상 물이 고여 있다는 점에서 못과 비슷하지만 못보다 훨씬 넓지요. 늪은 호수보다는 작고 못보다는 크지요. 하지만 늪에 고인 물은 호수처럼 안 깊어요.

화산 68, 77, 88쪽

한자로는 불 화(火), 뫼 산(山), 곧 불산이라고 하지요. 지구 깊은 곳에 있던 돌이 땅속의 높은 열로 녹아서 물처럼 된 것을 마그마라고 해요. 화산은 땅속에 있던 마그마가 땅의 틈을 비집고 밖으로 터져 나와 쌓여서 만들어진 산을 말해요. 화산은 마그마가 없을 것 같은 사화산과 지금도 힘차게 마그마가 뿜어져 나올 수 있는 활화산, 지금은 잠시 쉬고 있는 휴화산으로 나뉘어요.